京都異界紀行

西川照子

講談社現代新書

2543

目次

第五章　日吉山王とヒメ神 149

第六章　大魔王・崇徳天皇の彷徨 187

第七章　菊渓川が誘う 207

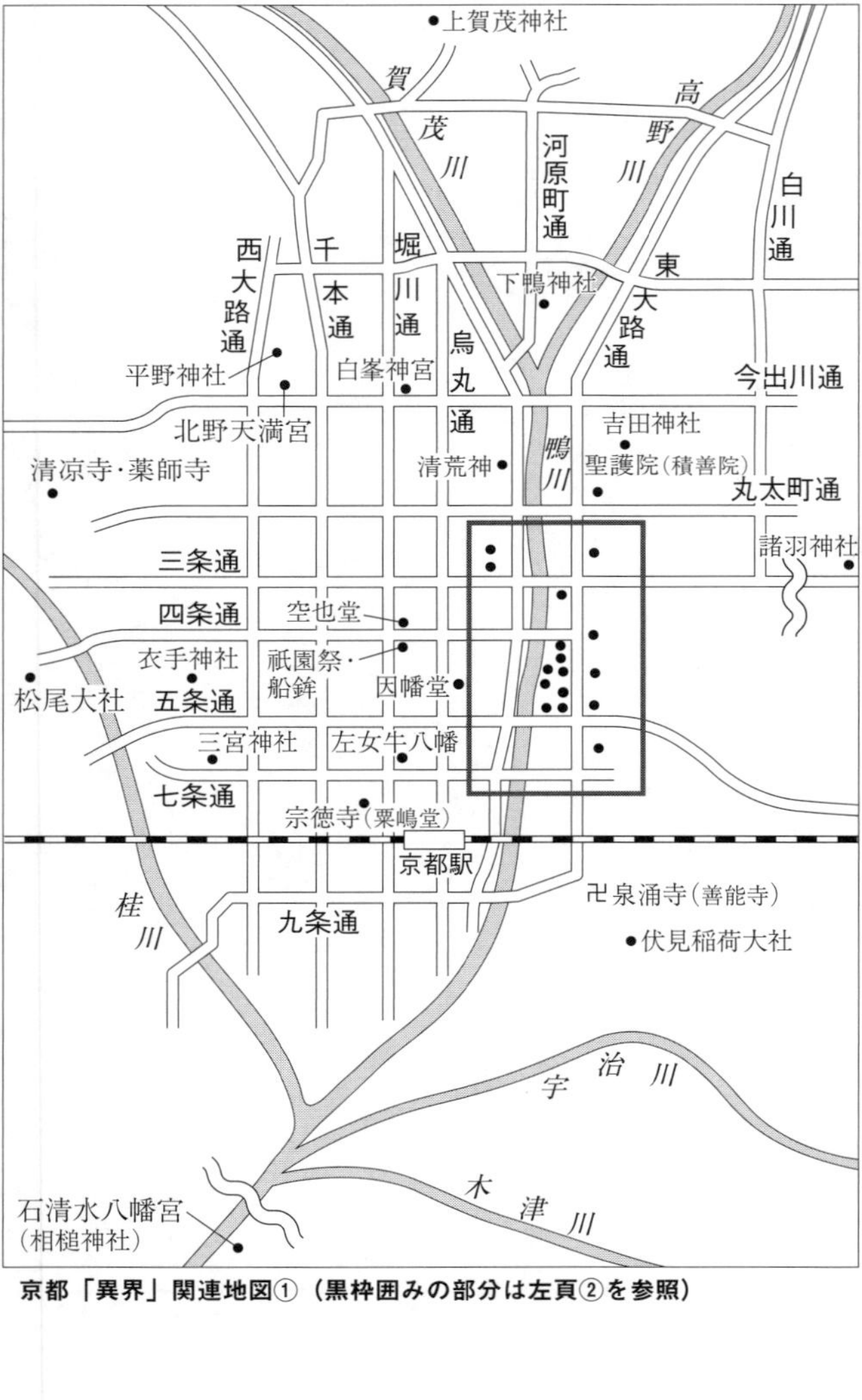

京都「異界」関連地図①（黒枠囲みの部分は左頁②を参照）

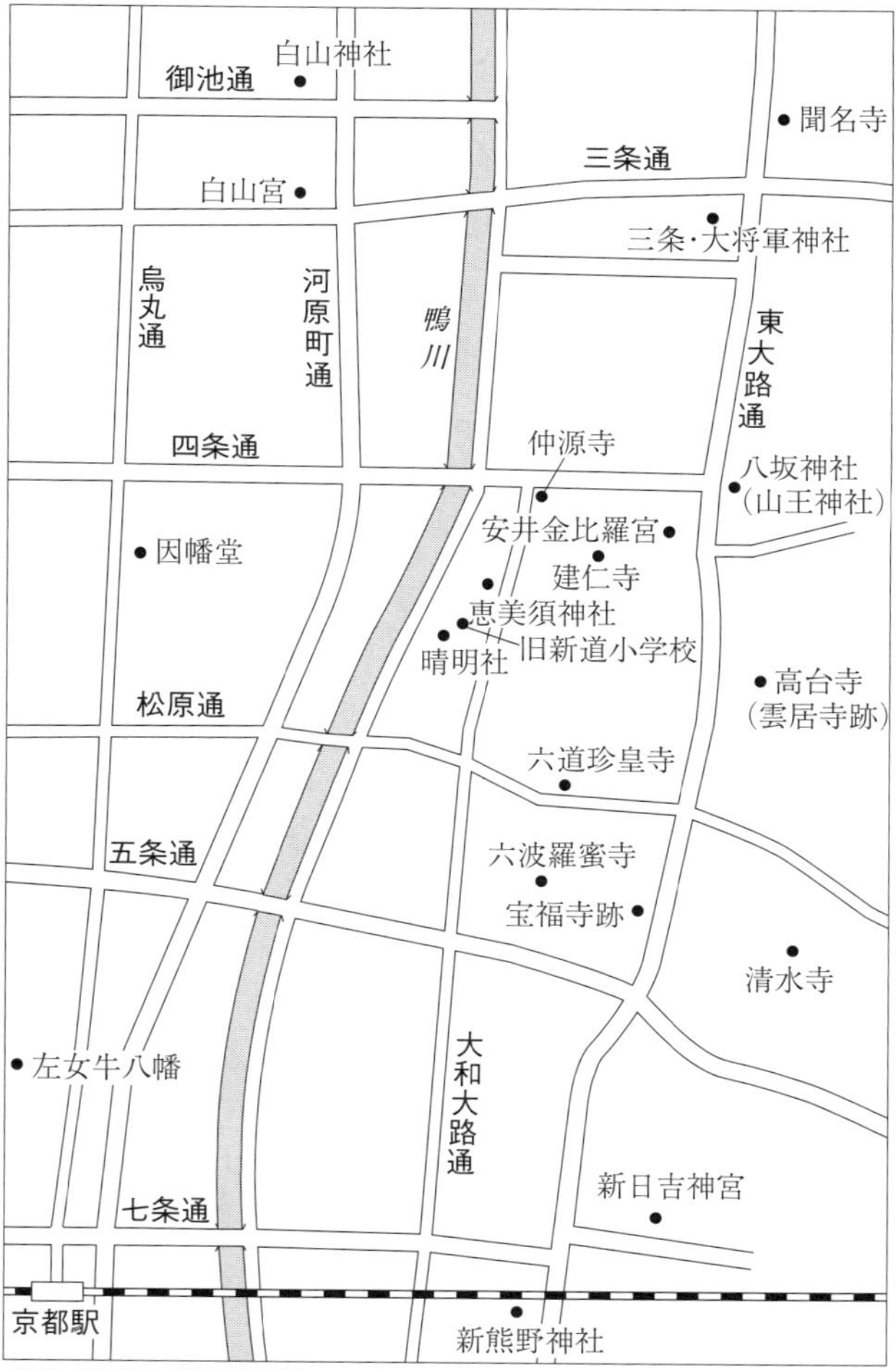
白山神社
御池通
聞名寺
三条通
白山宮
三条・大将軍神社
烏丸通
河原町通
鴨川
東大路通
四条通
仲源寺
八坂神社
(山王神社)
安井金比羅宮
因幡堂
建仁寺
恵美須神社
旧新道小学校
晴明社
高台寺
(雲居寺跡)
松原通
六道珍皇寺
五条通
六波羅蜜寺
宝福寺跡
清水寺
左女牛八幡
大和大路通
新日吉神宮
七条通
京都駅
新熊野神社

京都「異界」関連地図②

序章　——例えば清水寺の花と死

京都は異界である。

京都駅構内にあるホテルに入った若い人たちが「さて、どこから観よう」ということになった。観光客の一群である。

「ここからなら、清水寺《きよみずでら》でしょ」

そう、まずは、清水寺を目指す。京都最大の観光寺院である。

清水寺と言えば、「清水の舞台」が有名。それから室町時代の歌謡集『閑吟集《かんぎんしゅう》』の「ひがしにはぎをん・きよみづ、おちくるたきのおとはのあらしに、地主《じしゅ》の桜はちりぢり」の「地主の桜」で有名な地主神社が、恋占《こいうら》で人気が高い。そして、肝心の清水寺の御本尊と言えば「清水型十一面千手観音立像」である。「清水型」というのは、他の「千手観音」と少し「千手」の様子が違う。最上部の左手・右手をまるで体操選手のように、思いっきり高く上にあげて、掌《てのひら》を合体させ、そこに小さな仏さま・化仏《けぶつ》を乗せている。普通の千手観音は、左右の〝手〟に一体ずつ化仏を乗せるのだが、こちらの化仏は、両の掌で一体だけの化仏を大切に支える。

清水寺は、「清水の舞台」でも「御本尊」でも、他の寺とは異なっているし、なによりもこちらの境内は花やかである。浮かれた気分がある。桜の季節となると、より一層その花やかさは増す。訪れる人々は、清水寺の混雑の中、「京の雅《みやび》」を観るのである。

しかし、清水寺の南には、もう一つの京都がある。その場所は「鳥辺野《とりべの》（鳥部野）」という。西の化野《あだしの》、北の蓮台野《れんだいの》、そして、この東の鳥辺野を京の三大葬地という。この鳥辺野の様子は、「八坂法観寺参詣曼荼羅《やさかほうかんじさんけいまんだら》」に描かれる。清水寺の参道の左右に「鳥辺野」の文字があり、そこに卒塔婆《そとば》が立ち並んでいる。立派な五輪塔が何基もある。その葬地へ急ぎ足で向かう二人連れの、全国六十余州を巡る遊行《ゆぎよう》の宗教者・六十六部《ろくじゆうろくぶ》。二人は死者供養をするために向かうのである。

鳥辺野は、まがまがしい。行き倒れて、捨てられた死骸。六波羅蜜寺《ろくはらみつじ》の「鬘掛け地蔵《かずらかけじぞう》」の縁起が暗示するように、死体から剝ぎ取れるものは、剝ぎ取って、最後、女人の命の〝髪の毛〟までも引き抜く悪党もここにはいた。髪は「鬘」となり、〝金〟になる。

また鳥部寺という寺があった。『今昔物語《こんじやくものがたり》』に描かれるここでの悲劇は、鳥辺野が如何《いか》なる地かを語っている。こんな話である。

信仰心のある、年三〇ばかりの美人がご利生《りしょう》のある仏に結縁《けちえん》しようと、鳥部寺に伴《とも》の少女を連れて詣でた。そこで強盗に遭い、衣を盗られ、共寝を強要される。美人は従うしかない。その強盗は、かつては貴い侍であったが、罪を犯し、今は検非違使《けびいし》の下僕・放免《ほうめん》となっていた。信仰心のある美しい人と、元は立派な武士だったが今は零落し荒くれ者となっている男の組み合わせ――清水寺の「花やかさ」の後ろを振り返ると、そこに「異《い》形《ぎょう》」がある。清水寺の代表的風景のその裏には、このような異界がそっと顔を覗かせている。

京都では「生と死」は背中合わせ。と言っても、オドロオドロしい京都の風景は、昔むかしのこと、今はきれいに清掃され、ちょっと見には「負」の部分は見えない。ただ、私たちが本物の京都を知りたい、観たい、と思えば、一つ方法がある。地霊《ちれい》である。何もない所であっても、その地に立ってただ風景を見る、そして、そこに住む「怨霊《おんりょう》」の声に耳を傾ける――すると、昔むかしの風景・出来事が甦《よみがえ》る。怨霊たちは案内人《あないにん》となって、私たちを本物の京都へ誘《いざな》ってくれる。

京都は異界である。

この『京都異界紀行』の案内人として第一に選んだのは崇徳《すとく》天皇(一一一九〜一一六四)の怨霊である。

なぜ崇徳か。崇徳は保元《ほうげん》の乱(一一五六)に敗れ讃岐《さぬき》国に配流、帰京の願いならず、配所で憤死した。崇徳の怨霊はしばしば都に現われて、タタリをなした。しかし明治元年(一八六八)、父・孝明天皇の遺志をついだ明治天皇の命により、讃岐の白峯《しらみね》山陵より御所の西の地の白峯神宮に迎えられて、ひとまず鎮《しず》まった——と、いうことになっていた。

いや、崇徳の怨霊は京の町を徘徊《はいかい》していた。それでその後を付いて歩いてゆくと、「見えてきたもの」がある。

京の怨霊ネットワークである。崇徳の怨霊が化した魔王・天狗とともに、えびす・イナリ・セイメイ(安倍晴明《あべのせいめい》)等の裏の顔。松尾大明神《まつのおだいみようじん》に空也《くうや》上人——神と仏が作り出す奇なる世界。

この京都の異界が一番よく見える〝時代〟がある。中世である。歴史も伝承も包みこんで、京の中世は、京都の真の姿を語る。

雅と死、花と葬地、怨霊と御霊《ごりょう》、惨殺と鎮魂、天皇と乞食《こつじき》――「正」と「負」の京の仕組み。

パズルのように〝事〟と〝物〟をきれいに合わせて、美しい表面を作り出した京都。現在、白峯神宮と同じく崇徳天皇を主祭神とする安井金比羅宮《やすいこんぴらぐう》でも、主祭神の崇徳の〝影〟は薄い。主祭神の後から別の神が顔を出し、主役の座を奪ってしまっている。白峯神宮では、末社である蹴鞠《けまり》の神・精大明神《せいだいみようじん》が「サッカーの神」として活躍し、安井金比羅宮は、崇徳天皇を「縁切りの神」としてしまった。しかしまるで、死んだはずの木の根が動き始め、大いなる力で、コンクリートを割って、地表に顔を出すように、京の「負」の影は現代の日常の中にも不意に顔を出す。ここにも、そしてあそこにも……。

本書は、怨霊を案内人として京を歩く。

第一章では、崇徳天皇を主祭神とする白峯神宮に赴き、怨霊ゆえに消されてゆく天皇のその様を語り、代わりに主祭神の座にどんな〝神〟が就いたのかを解く。

第二章では、神と仏の仲の良かった時代、怨霊はどのように鎮魂されたかを物語る。

第三章では、〝神〟となった〝人〟の、その哀話を語る。

第四章では、人間以外の怨霊たちとともに、〝神〟さまだって怨霊になる、という話をする。

第五章では、ヒメ神という大怨霊に迫る。そしてそのヒメ神の背後にいた「遊び女《め》」たちの持つ呪性《じゆせい》に迫る。

第六章では、再度降りて来た崇徳天皇のタタリの収まらぬ理由を天皇自身に語って頂く。

第七章では、幻の川・菊渓川《きくたにがわ》から流れる「物語」の、その漂着地までをたどる。この川が形成していた京のもう一つの「河原」物語である。

第八章は、「天皇と乞食」という組み合わせこそが、正に「京」を京たらしめている、という、最も〝聖〟なるものは、最も〝賤〟なるものという網野善彦《あみのよしひこ》の「天皇と非人」の思想に迫る。盲《めし》いた天皇が神仏のご加護で晴眼《せいがん》を得た後、乞食同然の盲人を保護、ついには盲人の徒から神として崇《あが》められるという「天皇の物語」を生む――そういう仕組みが京都にはある、ということを語る。

最後の第九章では、天皇の〝異形〟、神の〝異形〟を「うつぼ舟」という呪箱《じゆばこ》で説く。呪箱を開けるとそこには怨霊がいる、という仕掛けである。

第一章　大社の表の顔と摂社・末社が抱える裏の顔

「崇徳天皇欽仰之碑」。白峯神宮の主祭神・崇徳天皇の存在を唯一見ることが出来る石碑。新しい。

一　白峯神宮末社・精大明神——蹴鞠の神は異形の三童子

御祭神が消えた——天皇の怨霊・武者の怨霊

物事には表と裏がある。

この表裏、時々ひっくり返っていることがある。そのまま表と裏が入れ替わっているだけなら、表に昇進（?）した裏を、裏として確認すれば、それで済むことなのだが、〝裏〟はその音《オン》の「ウラ」（〝裏〟はトや占と通じている）の力で〝表〟の振りをする。いやそれ以上に、表に取って代わってしまうことがある。

京は御所の西北、今出《いまで》川《がわ》通に面して、「白峯神宮《しらみねじんぐう》」という、怨霊を祀《まつ》る社がある。街中の社である。小社というには立派だし、大社というほどには広くない。建造物もそう凝ってはいない。御所近くにあるこの社の敷地は、元々は公家の飛鳥井《あすかい》家の邸があった所である。

白峯神宮の怨霊は御本殿の奥に坐《いま》す。崇徳天皇と淳仁《じゅんにん》天皇の二柱《ふたはしら》。二人の天皇はなぜ、怨霊となったのか。

崇徳天皇は鳥羽《とば》天皇の第一皇子というが、崇徳の本当の父は曾祖父の白河《しらかわ》法皇である。崇徳は実父の力で、保安四年（一一二三）、五歳で天皇となる。そう、生まれ落ちたその時より、崇徳の悲劇は見えていた。天皇になり、上皇になるも、実父のような権力を持つことはなく、我が子（重仁親王《しげひと》）の即位もままならず、政界から疎外され、保元元年（一一五六）、左大臣・藤原頼長《ふじわらのよりなが》とともに、時の天皇で同母弟である後白河《ごしらかわ》天皇（鳥羽天皇の実子）との間に皇位継承をめぐって争いとなり、ついに「保元の乱」を起こす。しかし後白河天皇に敗れ、讃岐国へ流罪となる。流罪の天皇即ち「流《なが》され王」は怨霊となった。

一方、白峯神宮のもう一柱《ひとはしら》の御祭神・淳仁天皇は、奈良時代の天皇で、崇徳ほどの数奇な運命をたどった訳ではないが、藤原仲麻呂《ふじわらのなかまろ》に取り込まれ、「仲麻呂の乱」の敗退によって皇位を剝奪され、淡路《あわじ》に流された。それで淳仁の通称は「淡路廃帝」という。淳仁の悲劇はここからが凄まじい。「流され王」は幽閉されるが逃走、しかし捕えられ、殺害される。天皇が惨殺されたのだ。そして明治三年（一八七〇）、淳仁の諡号《しごう》が贈られ、やっと復権。さらにその三年後の明治六年、なぜかすでに崇徳天皇を主祭神としていた白峯神宮に迎えられた。ここで白峯神宮の御祭神は二柱となった。

二人の天皇が合祀された理由は、流された場所が、崇徳が四国の香川県、淳仁が淡路島であるので、瀬戸内海の怨霊天皇というところか。それにしても淳仁は、崇徳のように憤死して、大怨霊となり、大天狗となってたびたび京に出現するというような怪奇な〝怨霊物語〟を持っていない。ここに淳仁の一番の悲劇がある。淳仁は殺害されたにもかかわらず、怨霊となることも許されなかった天皇なのだ。祀られて初めて「御霊」の名を冠された。

崇徳の怨霊は鎮魂せねば、タタると『保元物語』にその凄まじい死に至る在り様が描かれる。髪切らず、爪切らず、目はくぼみ、やせ衰え、その姿、生きながらすでに魔王・怨霊であった、と。また『太平記《たいへいき》』には死後、京の愛宕山《あたごやま》に住み天狗界の大魔王となった、とある。その折、金の翼を付けた大天狗・大魔王の崇徳天皇は源為朝《みなもとのためとも》（為義《ためよし》の八男）、淳仁天皇等を従えていたという。時代も身分も超えての、この魔群は怨霊ネットワークで結ばれた者たちである。崇徳の怨霊物語は江戸時代まで語り継がれた。上田秋成《うえだあきなり》の『雨月物語《うげつものがたり》』にも、

「崇徳帝を尊崇する西行法師《さいぎょう》が、讃岐松山の白峯寺を鎮魂のために訪れた時、魔道に落ちてとても人間とは思えぬ恐しい姿の帝が現われて、今、世が乱れているのは『朕《わが》なす事《わざ》なり』と言った」

とある。西行は、あの聡明な帝が何と浅ましきことか、と涙を流した。

白峯神宮は、明治に出来た新しい社であるが、その祭神・崇徳の怨霊は、四国の白峯（現・香川県坂出市青海町）にあって、西行ばかりでなく、多くの人々に鎮魂されてきた。そ

れならなぜ、この悲劇の天皇の霊を、死後すぐに都に迎えず放っておいたのか。いや、いち早くこの怨霊天皇は京へお戻りになって頂くべく、その宮は用意された。源平の争乱の折のことである。この争乱も崇徳のタタリと考える人々によって、治承三年（一一七九）四月、かつての保元の乱の古戦場跡（丸太町通鴨川の東河原辺）に「粟田宮《あわたぐう》」という廟が造られ、そこに崇徳の御魂は鏡を御神体として祀られた。しかし応仁の乱の兵火にかかり、焼失。その後、再建されることなく明治を迎えた。その間、南北朝の内乱も、戊辰《ぼしん》戦争も、みなみな崇徳の怨霊のせいという噂が流れたが、粟田宮の再建には至らなかった。その代わり、天皇の物語を語り歩く者たちが、鎮魂し続けた。社に安置して、祭祀を行うよりも、物語――天皇の悲劇をカタることの方が、鎮魂の呪術としては、強い力を持つと考えられた。その物語が『保元物語』である。天皇の怨霊はカタることで慰撫《いぶ》された。

白峯神宮を今は誰も怨霊の住む社などとは言わない。しかし御祭神として崇徳天皇の名を言えば、自ずとここは怨霊の社と知れる。ここに、いくつかのカラクリがある。一つは崇徳が、どういう死を遂げ、死後怨霊となり、大天狗・大魔王となったかということを一切言わないというカラクリ。もう一つは言い換え、である。崇徳天皇を詩歌管絃《しいかかんげん》の道に秀でた文人として讃え、そのご利益を「心願成就」とするカラクリ。

怨霊が消えた――親殺し・弟殺し

白峯神宮の境内摂社に「伴緒社《ともおしゃ》」がある。武道の神を祀る社という。祠様《ほこらよう》の小社であるが、きれいに整えられたそのかわいらしい社殿はとても健康的である。こちらの御祭神は源為義・為朝親子の二柱である。為義は保元の乱敗残の後、船岡山《ふなおかやま》で首を斬られる。それも為義の首は一度では斬ることが出来ず、二度めで落ちた。その殺害をしたのが、為義の長子・義朝《よしとも》である。しかもこの殺害は騙《だま》し討ちである。義朝は父を逃そうと輿《こし》に乗せる。父は子の孝に「あはれ、人間の宝には子に過ぎたるものこそなかりけれ」と義朝に手を合わせる。しかし方向が違う。東山《ひがしやま》に向かうべき白木の輿車《こしぐるま》は西に向かう。その場所は〝歴史〟では船岡山であり、『保元物語』では、あの安寿《あんじゅ》と厨子王《ずしおう》の物語を抱える朱雀権現堂《すざくごんげんどう》である。そこで為義は家臣の鎌田正清《かまたまさきよ》に斬られるのである。父は言う。

「義朝はだしぬきけるよな。（中略）あはれ、親の子を思ふやうに、子は思はざりけるよ」

この「親殺しの義朝」も悲惨な最期を遂げるが（逃亡中、風呂で殺害される）、実の子に殺された為義が怨霊とならぬはずはない。

そして為義とともに伴緒社に祀られる為義の八男・為朝もまた悲惨な最期を遂げている。「鎮西八郎為朝《ちんぜいはちろう》」の名で有名なこの人は、義朝とは違って、父に愛されなかった。保元の乱では上皇方に付き、奮戦したが、戦いには敗れ、伊豆《いず》の大島に流罪、そして自害した。しかし白峯神宮の摂社では、不仲の親子は死して、ともに神となり、ご一緒に祀られる。弓矢の名人・為朝を祀るゆえ、白峯神宮のご利益に弓道上達があるのである。この親子二柱の怨霊神は、スポーツ少年たちに夢を与え続けている。

そしてここにはもっとスゴい神が鎮座します。この神こそが、現在の白峯神宮の〝表〟の顔である。修学旅行生たちの「行きたい所、ベストテン」に入る場所へと、白峯神宮を作り変えた神である。

その神の名は精大明神《せいだいみようじん》という。

精大明神・蹴鞠の神――童子神は怨霊神

白峯神宮は、今はスポーツ、特にサッカーにご利益があるとして、若者に人気であるが、怨霊神のどこにその性格があるのか。弓道上達の神というのは為朝が稀代の弓矢の名人であったということで納得がゆく。ただ弓道の神としてのご利益が、摂社・伴緒社に祀られる源為朝から出ているということは、知られていない。神社側も為朝のその才を敢《あ》えて言わない。白峯神宮のご利益全体として、武道上達があり、その中に弓道上達がある。

それではサッカーの神というのはどこから出ているのか。白峯の〝神〟がサッカーの神

駒札に精大明神の文字。お参りの人々は、まず“ここ”を目指す。大明神の前には、サッカーボールがいっぱい。修学旅行生たちで、狭い境内は溢れていた。

となった経緯《いきさつ》は、きちんと説明されている。白峯神宮が公家の飛鳥井氏の邸跡に建てられた社ということから、その物語は始まる。元々、〝そこ〟には飛鳥井氏の屋敷神・精大明神が祀られていた。精大明神とは、蹴鞠《しゅうきく》（けまり）の神である。この神は記紀神話に登場する正統派の神ではない。それで精大明神は〝表〟の顔にはなれない神であった。白峯のカラクリは二重構造になっている。裏の顔を表の顔にしたが、裏の顔の御正体《みしょうたい》をなるべく〝表〟に出さないようにしている。

つまり怨霊神としての御祭神・天皇二柱は本殿奥の奥に鎮まって頂き、スポーツ守護の神・精大明神についてもあまり触れられたくないのか、先にも言ったが、白峯神宮〝全体〟のご利益としてスポーツ守護を言い、声高に、精大明神こそが〝スポーツ〟の神ですよ、とは言わない（駒札に書かれてはいるが）。では、「精大明神とは？」と問うと――神社の方は「蹴鞠《けまり》の神さんです」と答えて下さるものの、詳しくは語って下さらない。

精大明神とは一体、何者であろう。精大明神の名は「御鞠《おまり》の精《せい》」から出ている。『古今著聞集《ここんちよもんじゆう》』（鎌倉中期の説話集、橘《たちばなのなりすえ》成季編、全二〇巻）にこんな話が載る。

飛鳥井家の祖、藤原成通《ふじわらのなりみち》は「鞠（蹴鞠）」の上手で、日々、鞠を蹴り続けていた。また成通は棚を二つ設けて、一つの棚には鞠を置き、もう一つの棚には御供物《おくもつ》を捧げ、幣《ぬさ》を置き、その幣を持って鞠を拝すというほどに鞠を大切に扱っていた。そんなある日、鞠の精が成通の前に姿を現わした。鞠の精は成通の鞠に対する思い、蹴鞠に対する深い思いに感謝して、姿を現わしたのだと告げた。その鞠の精の姿は、三、四歳の児《ちご》で、三人現われた。ただ、この子たち、顔は人間だが、手足身は猿であった。鞠の精の童子たちは、蹴鞠が行われている時は自分たちも遊んでいられるが、蹴鞠のない時は、柳の木の下でおとなしくしているのだという。鞠の精の童子たちは、成通に「毎日、毎日、蹴鞠を続けてくれてありがとう。おかげで僕らは毎日、遊ぶことが出来ます」と御礼を言う。その御礼を言いたいがために、御正体を現わした、というのである。

その不思議があって、飛鳥井家では、代々、精大明神の名で鞠の神を祀った。元々〝ここ〟に祀られていたのだから、〝ここ〟に崇徳天皇がやって来ようと、源為義がやって来ようと、鞠の精の童子たちは「僕のうちだもん！」と言って〝ここ〟にいるのだろう。怨霊と鞠の神、天皇と童子。けれど、そのかわいらしい童子神の鞠の神は、手足身は猿という異形。しかしこの異形こそが白峯神宮を、現在の人気の神社へと押し上げたのである。奇怪・奇妙という本来〝裏〟にいるべき〝神〟が表の怨霊神を圧倒して君臨出来るのは、その異形が怨霊神をも超える力を持っていたからである。

「本当は僕らが〝表〟だよ」

と童子神たちは言いたいのだろう。

三人の童子神たちは、実は怨霊神ととても仲がいいのだ。童子たちも怨霊ネットワークの住人であるのだから。

――・つけたり

「精大明神」という神は、確かに飛鳥井氏の邸内に坐した。しかし、昔から〝ここ〟にいたのではない。三童子の出現の地は「滋野井《しげのい》」という井戸である。井戸は縦の通り・西《にしの》洞院《とういん》通と横の通り・椹木町《さわらぎちょう》通が交叉する辺にあった。その井戸の名を滋野井と称するのは、『経国集《けいこくしゅう》』（勅撰漢詩文集／八二七）の編者・滋野《しげの》貞主《さだぬし》が住んだことによる。飛鳥井（藤原）成通が住したのはその後のこと。その折、成通は自家の守護神・精大明神を「滋野井」に祀ったという。しかし三童子が井戸より出現したという話はない。ただ民間伝承は「申《さる》の月、申の日、申の刻に蹴鞠の神が三匹の猿の姿となって、井戸に影向《ようごう》した」という。成通は、しばらく滋野井の地に住して、今出川通堀川東入ル（飛鳥井町）に引っ越した。その時、精大明神の小祠もご一緒に遷座された。神の影向の井は、残されたまま。今はそこに、生麩《なまふ》の老舗・麩嘉《ふうか》がある。

三童子は本来の住居を失った。

一説に、この地に住んだ滋野朝臣公成《あそんきみなり》こそが「蹴鞠」の名人という。こちらの方が辻褄は合うが。

どちらにしても、「滋野井」という〝地〟が霊地であったこと、蹴鞠の元地《もとち》であったということが大切である。

二　上賀茂神社摂社・片山御子神社——摂社の繁昌

片岡社、おかあさんの社——片山御子神社の御子とは誰？

「かたおかの〜」

祝詞奏上《のりとそうじよう》が始まった。

上賀茂《かみがも》神社（正式名・賀茂別雷《かもわけいかずち》神社）の摂社に片岡社《かたおかのやしろ》がある。摂社とは、本社の神と関わる神を祀る小社で、社格の順番で言えば、本社・摂社・末社となる。片岡社は、本殿に祀られる主祭神・別雷の神と最も親しい関係にある摂社である。「かたおかの〜」は、この摂社・「片岡」社に坐《いま》す神の名を呼んでいる。上賀茂神社の祝詞奏上には、この、

「かたおかの〜」

の声がまず響く。

「片岡の社、祝詞〜」

上賀茂神社では祝詞が奏上される前に必ず、この「先祭祝詞《せんさい》」という祝詞が称《とな》えられる。そしてこの声に和するように祝詞奏上となり、片岡社の方の声は「祝詞〜」だけで消えてゆく。

なぜ「かたおかの〜」なのだろうか。本殿に向かってこの祝詞が奏上されると、「今から祝詞を奏上するので、お集まりのみなさま、どうぞ本殿に坐す別雷神《わけいかずちのかみ》の方を注視して下さい」とか、そんなところか。

「『かたおかの〜』は、上賀茂の主祭神、御子神《みこがみ》・別雷神の〝おかあさん〟に『今から祭が始まりますよ』というご報告をしているのです」

上賀茂の社家の長老・藤木正直《ふじきまさなお》氏は、そう言った。摂社・片岡社は、本殿に坐す赤子神・別雷神の母である玉依《たまより》ヒメを御祭神としている。神さまは実に礼儀正しい。まずは、その〝母〟に祭の始まりをご報告して、それから、御子神を拝むという順を踏んでいるのだから。

しかしこの片岡社、謎が多い。こちらの「玉依ヒメ」は本当に別雷神の〝おかあさん〟なのか。このことは後述する。

片岡社の名称は、背後に控える片岡山から来ている。ただ『延喜式《えんぎしき》』（延喜五年〈九〇五〉着手、延長五年〈九二七〉完成）には「片山御子《かたやまみこ》神社」とある。片山？ 御子神社？ 片岡社には、上賀茂の主祭神、御子神・別雷神がいらっしゃったのか。

今はこぢんまりとした摂社だが、片岡社はかつては、紫式部が、

片岡社は紫式部の社？　と思われそうな、大量の奉納絵馬。

ほとゝぎす声まつほどは片岡のもりのしづくに立ちやぬれまし

（『新古今和歌集』巻第三　夏歌）

と詠ったように、広大な森を抱えた社だった。

紫式部の賀茂詣《かももうで》は、片岡社への参拝であった。式部は何を祈ったのであろう。本当に恋の成就（そう由緒書には記されているが）？

上賀茂神社では、さすがにこの片岡社の御祭神・玉依ヒメを、別雷神の〝母〟とは言わない。それを言うと、下鴨《しもがも》神社（正式名・賀茂御祖《かもみおや》神社）との関係がくずれるからである。下鴨神社に別雷神の母・玉依姫は坐す。祖父の賀茂建角身命《かものたけつのみのみこと》も坐す。だから、少し遠慮して、上賀茂では片岡の神を赤子神・別雷神の面倒を見た乳母とする。しかし藤木氏は、上賀茂神社のヒメ神は下鴨の「玉依姫」と同一人物という。それなら上賀茂は母子神を祀る社ということになる。

藤木氏の〝おかあさん〟説は正しい。だからこそ「かたおかの〜」という片岡社の先祭祝詞に〝意味〟がある訳で、玉依ヒメがフツーの巫女ならば、わざわざこれから祝詞を奏上しますよ、と真先に片岡社に告げなくてもいいのだ。

わざわざ「かたおかの〜」と神を呼ぶのには理由《わけ》がある。上賀茂の総《すべ》ての祭は「かたおかの〜」から始まる。母から始まる。その理由とは――下上《げじょう》賀茂社（上賀茂神社・下鴨神社を合わせて言う時には、こう言う）は、賀茂祭《かもさい》（葵祭《あおいまつり》）から見ても、深い関係にあるという以上に、同一の社のように見える。そう、この二つの社、実はかつては一社であった。

カモ神社は現在の上賀茂神社一社であった。それが奈良時代の後半、朝廷の意向で分断された。カモの神を奉じていた賀茂一族（京の土着の豪族）が、あまりに力を持ち過ぎたためである。上賀茂から分かれて高野川と賀茂川二川合流の地（糺《ただす》の森）に、下鴨神社が創建された。この時、ご祭神も分断された。子は上賀茂に残り、母はその父とともに下鴨に下ったのである。何と無残な！　母子は引き裂かれたのである。

いや、藤木さんのカタリに戻れば、母のご分霊が下鴨に遷《うつ》られると同時に、本体の母神は本殿から片岡社へと移遷されたのである。本殿に母子が一緒に居ては下鴨に申し訳ないということか。だから、下鴨に「そちらのご祭神は上賀茂のご祭神のご分霊ですよ」と言っては失礼になるので、片岡社の玉依ヒメについては上賀茂の方も多くは語らない。しかしどちらにしても、母神・玉依ヒメは上賀茂に坐すのである。だから「かたおかの〜」なのである。紫式部もそのことを知っていて、片岡詣をしたのであろう。

しかしこのことはあまり知られていない。賀茂社はかつては一社であり、それは上賀茂神社であった。そして、ご祭神は、八幡宮の神功皇后《じんぐう》と応神天皇《おうじん》の母子神と同じく、玉依ヒメと別雷神の母子神であったということ。

『古今著聞集』に描かれた鞠――賀茂流・蹴鞠

母の社・片岡社は中世、随分と人気のあった社のようである。片岡社の禰宜《ねぎ》・成房《なりふさ》は『古今著聞集』巻第十一 蹴鞠 第十七に、その名を留める。

蹴鞠は、賀茂社の秘芸であった。というより、神のご託宣を受けるための神事であった。それが花やかなものとなり、風流化《ふりゆうか》し、芸能化したものが、「上賀茂の蹴鞠」である。この芸は賀茂社の神主・家平《いえひら》とその一族が守り伝えてきた。それで幾多の鞠足《まりあし》（競技者）の上手を生んだ。特にこの片岡社の禰宜職を務めた成房の系統は「松下家」を名告《なの》り、後々までもその妙技を守った。そしてこの妙技は藤木正直氏が担った「競馬」と同様、陰陽道《おんみようどう》の思想で成り立っている。因《ちな》みに「競馬」は今のように「くらべうま」と発音しない。「ケイバ」と言う。「蹴鞠」も「けまり」とは言わず「シュウキク」と言う。

藤木氏は、賀茂の神事は総て賀茂神道即《すなわ》ち賀茂氏の陰陽道を基にしていると言っていた。

しかし、今、陰陽道と言ってすぐに出て来る名は「安倍晴明」であろう。晴明は、賀茂保憲《やすのり》の弟子なのだが、保憲は自分の教えを継ぐのは晴明であると、弟子の晴明を高く評価、天文道の奥儀を授ける。息子の光栄《みつよし》には暦道を継がす。保憲という人は、公平な人であり、また賀茂の陰陽道をきちんと伝えたい、残したい、ということで、実の息子より、才ある晴明を重んじたと思われる。

実際、晴明は保憲の目にかなうだけの〝才〟を持つ人であった。最終的には、晴明は天文学はもちろん暦学も自分のものにしている。そして賀茂の陰陽道は安倍晴明の陰陽道に取り込まれて、「賀茂の陰陽道」という表の顔を失ってしまった。上賀茂神社を訪れる人の中で、「ここが陰陽道の聖地」と知っている人はどれくらいいるであろう。

しかし、賀茂の陰陽道は今でも見ることが出来る。その第一が賀茂祭（葵祭）である。そして五月五日、端午《たんご》の節句の神事・競馬である。蹴鞠もそうであった。重陽《ちようよう》の節句に行われる、八咫烏《やたがらす》の奇瑞《きずい》をもどく（真似る）烏相撲《からすずもう》も賀茂の陰陽道の神事である。上賀茂神社に伝わる芸能神事をよくよく見れば、陰陽道が見えてくる。

蹴鞠は曲芸——曲芸は卜占

賀茂祭を葵祭というのは、神の降臨の目印、依代《よりしろ》が葵という植物であるからである。この葵の葉の形が片岡社では、祭の日だけでなく、日常に生きている。葵の葉の形はハートに見立てられ、紫式部を恋の神として祀る（？）片岡社の奉納絵馬は、葵の葉を形取り、その裏に願い事を書いたハート形の紙が貼られている。恋多き和泉式部《いずみしきぶ》が恋の神というなら解るが、紫式部を先の歌から恋の神とするのには、ちょっと無理があるような気がするが、おそらく彼女の描いた『源氏物語』が紫式部を恋の神に押し上げたのだろう。

上賀茂神社で結婚式を挙げた男女は、本殿に参った後、必ずこの片岡社に参る。今や上賀茂の境内で一番花やかな〝場〟が片岡社である。片岡社は恋の神であり、縁結びの神であり、子授け、果ては安産の神となっている。元々〝女神〟の社なのだから「まっ、いいか」。

しかし、片岡社のもう一つの名の片山御子神社の〝御子〟は？　そうか、なるほど。この御子の存在があって初めて、玉依ヒメは〝母〟となるのだから、ヒメは恋の神から成長して、子授け、安産の神として確固たる地位を築いたのだ。片山御子神社とは、「母子合体」の〝名〟であった。

ところで片岡社のヒメ神はいつから蹴鞠の神を引き受けたのであろう。おそらく〝ここ〟に賀茂氏が社を建てたその時から、蹴鞠の神即ち「まりの明神」は〝ここ〟にいらっしゃったのであろう。もちろん、「まりの明神」の所属は賀茂社であるが、そのお住まいは「片岡の森」で、その森への出入り口に「片岡社」が建てられたのであろう。

それでは「片岡の森」、「片岡山」とは？　片岡山は今はない。戦後、アメリカ軍に接収され、将校たちのゴルフ場となり、今もそのままゴルフ場としてある。そして現在は傍に京都産業大学が建つ。下鴨神社の糺の森と対《つい》の景として愛された片岡山・片岡の森は消えた。

森を壊し、山をくずして、この地はタタリを受けなかったのであろうか。「まりの明神」は住む場所を失って、今はこぢんまりと、ヒメ神の傍、片岡社の中に坐すのであろうか。それともゴルフ場で遊んでいるのであろうか。

そして何より知りたい「賀茂の陰陽道」と「まりの明神」の関係――。

「蹴鞠は曲芸です。曲芸は卜占《ぼくせん》です。鞠は卜占の呪具です。『まりの明神』は賀茂の陰陽道の神です」と、藤木さんは語った。

幻の片岡の森にいらっしゃる賀茂の「まりの明神」は、そっとしておく方がいいのだろうか。

地下《じげ》、庶民の賀茂の「まりの明神」と公家、殿上人《てんじょうびと》の飛鳥井氏の「まりの明神」は、時々怨霊の社・白峯神宮で、競技（注1）をしているのであろう。呪力合戦をしているのであろう。

飛鳥井（藤原）成通《なりみち》は鞠足の天才と言われ、そのため、飛鳥井家が蹴鞠道を独占するようになったのだが、その飛鳥井成通も実は上賀茂の神主・成平の一門より出ている。そう、賀茂の陰陽道が安倍晴明のおかげで広く知られるようになったのと同様、賀茂の蹴鞠も飛鳥井成通が表の顔となることで有名になった。飛鳥井家の邸跡にある白峯神宮は今やサッカーの神として全国的に有名な社となった。そのサッカーの神は、もとは賀茂の社から出たということは、もっと知られてもよいと思う。

上賀茂神社の摂社・片岡社には、陰陽道の神の一柱として「まりの明神」が祀られていた。しかしこのことは藤木さん以外、もう誰も知らない。

注1　蹴鞠の競技の場を「懸《かかり》」という。「四本懸《しほんがかり》」では、ヤナギ・サクラ・マツ・カエデの四本の木を、三間（一間は約一・八二メートル）から四間隔てて相対して立てる。根のまま植え付けたものを「本木《ほんぎ》」、根を切って埋めたものを

「切立《きりたて》」という。

――・つけたり

片岡社のご祭神は一説に、大国主命《おおくにぬしのみこと》の御子・事代主神《ことしろぬしのかみ》とある。事代主神は、その音《オン》「コトシロ」から、「言代」となり、託宣神となった。そのゆえか、上賀茂ではかつて三歳から五歳の童子が憑人《よりまし》として、託宣を行っていた。

三　平野神社と桓武天皇――母を祀る社

桜の名所と高野新笠――百済王と処女懐胎説話

平野神社と言えば、

「桜の神社」

と答が返ってくる。神紋も桜。境内には、六〇種類四〇〇本の桜が植樹されて、開花期ともなれば、花見の客で賑わう。そう、ここは社であるが、桜の季節は花見の宴の場と化す。それほどに、平野神社は、京の桜の名所である。

しかし、いつから、ここが桜の神社になったのか。神紋が桜であるのだから、御祭神との関係からか――。

平野神社の御祭神は、四柱。イマキ（今来・新来）・クド（久度・竈）・フルアキ（古開）の三柱《みはしら》とヒメ神である。元々は平城京に祀られていた今来の神を、桓武《かんむ》天皇が平安京に遷されたことに始まる。四柱《よはしら》の主人公は今来の神で、渡来系の神という。久度の神は、竈《かまど》の神であろうし、古開の神は開拓の神であろう。

ただヒメ神は、桓武天皇の母・高野新笠《たかののにいがさ》の母方の先祖神であるというので、このヒメ神の出自をもって、平野神社のご祭神を考えると、先の三柱の神はすべて新笠の父方の先祖神ということにならないか。つまり平野神社の神は四柱とも百済《くだら》系の神ということである。

さらに、今来の神を具体的に「百済の都慕王《とぼおう》」に当てる説がある。都慕王は高野新笠の遠祖である。この王は「処女懐胎説話」を持つ。川の神の娘が日光（太陽）に感精して身ごもって、生んだ赤子が都慕王という。

新笠はこの伝承を深く信じていた。それで彼女の諡号《おくりな》は「天高知日之子姫《あめのたかしらすひのこひめみこ》」、日の神の皇女という。母・新笠はこの伝承を子・山部王《やまべのおう》（後の桓武天皇）に語っていたのではないか。子は母を神の子と見て、死後、平野神社に祀ったのではないか。百済よりの渡来神・今来の神を奈良より遷座させたのは、そのためではないか。平野神社を「百済王」一

平野神社本殿。若い人はここも恋の神として参る。サクラからコノハナサクヤヒメ（桜の精の処女）を想像しているのだろうか。

族の社とするためではないか。

そんなことは「由緒書」のどこにも書かれていない。ただ平野神社が百済系の神々を祀る社ということは確かなことであり、その勧請が桓武天皇によることも間違いない。とすれば、平野神社に桓武天皇がその母を祀ることは、少しも不思議ではない。江戸時代の国学者・伴信友《ばんのぶとも》も『蕃神考《ばんしんこう》』で平野神社の御祭神と高野新笠について詳しく述べている。

しかし神社側は信友説を偽説として一蹴する。「桓武天皇は、愛する母・高野新笠の一族を平野神社に神として祀ったのですよ」と、神社側はなぜ言わないのであろう。それでも、なぜかみな何となく平野神社と高野新笠の関係を知っていて――「平野神社と言えば」――「桓武天皇のお母さんのお社でしょ」と、かつては言っていた。ただ、今は言わない。今は知らない。

ところで桜は？――新笠はコノハナサクヤヒメに擬《ぎ》せられたのではないか。平野神社が抱えた母子の愛情物語は、山の神の娘、桜の精・コノハナサクヤヒメとダブる。コノハナサクヤは「火中出産」という呪的な御産をして王子たちを産むが、王子たちの父・ニニギの命《みこと》との結婚は、「一夜孕《ばら》み」と言って尋常な結婚ではなかった。コノハナも「処女懐胎説話」のヒメなのである。

怨霊鎮魂の社――井上・他戸・早良、そして……

桓武が平野神社に母方の「百済系の神々」を祀った理由はもう一つある。怨霊鎮魂の呪術（陰陽道・宿曜道《すくようどう》）を、百済の神々は持っていたからである。桓武はたくさんの怨霊を抱えていた。まず、父・光仁《こうにん》天皇の皇后であった井上内親王《いがみないしんのう》、その皇子・他戸《おさべ》親王。井上は聖武《しょうむ》天皇の皇女である。新笠は権力を持っていた渡来系氏族の出といっても、天皇の娘に比べれば身分は低い。それでも臣下から後宮に入った三位《さんみ》以上の位階を持つ〝夫人〟の地位をもって光仁天皇の妃となる。井上は新笠を恨んだであろう。そして、我が子・他戸のために、山部王を恨んだであろう。結局、光仁天皇に対する謀反のかどで、井上・他戸母子は幽閉され、憤死する。そして誰もが認める平安の大怨霊となった。

さらに平安の大怨霊として、桓武天皇即位とともに皇太子となった早良《さわら》親王がいる。早良は桓武の実の弟である。しかし乙訓寺《おとくにでら》に幽閉され、淡路に流される途中没した（一説に親王は乙訓寺ですでに亡くなっていて、その亡骸を船に乗せて淡路に流したのだという）。飲食を絶って自裁して果てたのだという。抗議の死であろう。彼の死後、まず桓武の皇太子・安殿《あて》親王が死去、それに続いて桓武の周りで相次いで死者が出た。桓武は恐れて、母のゆかりの地・高野（左京区上高野西明寺山）に社を建て、早良親王を崇道《すどう》天皇と追号して祀った。社の名は崇導神社という。高野の地は百済系の人々の住む所である（因みに天皇の葬送を司った「八瀬《やせ》童子」の八瀬は新羅《しらぎ》系という）。

桓武の鎮魂の呪術は怨霊たちを鎮めるに至らなかった。怨霊たちはそのネットワークを展《ひろ》げ、古代の怨霊たちまでもこの平安京にやって来た。それでもなお桓武はその怨霊を鎮めるべく平安京に御霊《ごりょう》神社を建て、怨霊を鎮魂し続けた。これが〝表〟の桓武の怨霊鎮魂の作法であるが、もう一つこの怨霊鎮魂劇に加担した〝神〟がいた。それが平野に祀られる神々であったのである。平野の百済系の神々は鎮魂の呪術にも長《た》けていた。

その強力な呪力に誘われるように、中世、平野神社に卜部《うらべ》氏は入ったのであろう。平野の卜部氏から「卜部神道」、後の「吉田神道」「唯一神道」が生まれる。

卜部神道は「占い」を基に成立した神道で、その流れは三流あり、壱岐《いき》の卜部、対馬《つしま》の卜部、そして伊豆の卜部である。平野流卜部は伊豆の卜部より出た。その祖は平麻呂《ひらまろ》という陰陽師《おんみようじ》であった。

平野流卜部氏が有名になった理由の一つは『日本書紀』の家となって、その講義をし、解説書・注釈書を編集したことによる。『日本書紀』を解説するということは即ち日本の国の始まり、日本の皇室の歴史、天皇の存在を語ることであった。特に「神代巻」を中心にその講義は行われた。『太平記』には天皇の御印《ミシルシ》・「三種神器」の来歴について、大納言・日野資明《ひのすけあきら》が平野神社の神職・卜部兼員《かねかず》に問う記述が載る。中世、日本の歴史についての知識を卜部氏が担っていたことがよく解る。

この時の卜部氏は平野社の神主職を代々務めていたので、すでに平野姓を名告《なの》っていた。中世に入ると卜部氏は吉田神社の神主職も務めるようになり、二流に分かれ、平野流、吉田流の名をもって活躍するが、次第に吉田が優勢となり、平野は廃《すた》れていった。

平野流衰退の一番の理由は吉田流から室町時代、吉田兼倶《かねとも》(一四三五〜一五一一)が出たからである。室町時代以降は伊豆の卜部は兼倶の〝才〟によって完全に吉田流のものとなる。平野流はすっかり忘れられてゆく。それとともに平野姓も失われる。

あの『徒然草《つれづれぐさ》』の兼好法師《けんこうほうし》は、平野神社の出である。兼好の時代にはまだ吉田姓はなかった。それで、兼好法師は正式には「平野兼好」であった。ただ、吉田があまりに有名になり、兼好が吉田神社の社務職に就いていたこともあって、江戸時代頃から吉田兼好と呼ばれるようになった。

平野神社は「吉田神道」を生んだ社である。そしてその初めは、桓武天皇がその母の御魂を祀った社と考えていい。怨霊鎮魂の社と考えていい。高野新笠が怨霊？　それだけは信じられない！　となるかもしれないが、ヒメ神となった新笠が、愛し子・桓武天皇を平安の怨霊たちから守るために自ら怨霊と化すことは十分想像出来る。

『霊安寺《りょうあんじ》御霊《ごりょう》大明神《だいみょうじん》　略縁起《りゃくえんぎ》』に奇妙な記述がある。「早良親王は井上内親王の第一皇子」と。もしそうならば、井上は他戸親王の恨みだけでなく、早良親王の恨みも負って桓武にタタったのである。早良親王と他戸親王の母・井上内親王。このものすごい怨霊・井上内親王に打ち勝つために、桓武の母・新笠は井上を超える大怨霊にならなければならなかった。

因みに霊安寺とは、井上内親王、他戸親王幽閉の地・奈良県宇智《うち》（現在の五條市）に、桓武天皇の勅願で建てられた御霊神社の神宮寺《じんぐうじ》である。神宮寺とは、神仏習合の思想を具現化したものである。中世、八幡宮の神宮寺がその存在感を示す。高雄の神護寺は八幡宮の神宮寺の代表である。

――・つけたり

白峯神宮には崇徳天皇とその母・待賢門院璋子《たいけんもんいんしょうし》が、上賀茂・片岡社には、別雷神とその母・玉依ヒメが、そして、ここ平野神社には、桓武天皇とその母・高野新笠が見える。母子の物語を持つ社は要注意。特にその父の存在が薄い場合、母は、子を守るために、タタるヒメ神、女神となることがある。

四　吉田神社、斎場所・大元宮――宮中由来の「追儺」と吉田神道由来の「厄塚」

吉田の節分――方相氏と厄塚

吉田神社は、その初めは藤原氏の氏神・春日《かすが》明神を祀った春日神社である。それで、吉田神社の前の通りを今でも「春日通」という。

平安遷都以前、平城京から春日神社の分霊をまずは、長岡京《ながおかきょう》近くの大原野《おおはらの》に迎えた。大原野神社がそれである。しかし宮城《きゅうじょう》が洛中に遷ると、内裏からは遠かったので藤原山蔭《ふじわらのやまかげ》（八二四〜八八八）が大原野から吉田の地へ、春日の神をお迎えしたのである。その折、「春日通」の名が生まれるのであるが、「『遷宮』の日、その通りを鹿も通った」というのが、

大元宮。『都名所図会』巻三（1780）。現在の“御姿”も江戸時代と殆ど変わらない。

京童《きょうわらわ》の語り草となっている。のどかな光景である。

その社地は、現在の京都大学の地を含めた広大なものであった。しかし現在、吉田神社の本名が春日神社であることを、藤原氏の氏神を祀る社であることを、知っている人はどのくらいいるだろう。

吉田神社といえば、節分で有名である。吉田の節分祭は二月三日（節分の当日）を中にして三日間行われる。二月二日、二月三日、二月四日。節分祭は色々な寺社で催されるが、哀愁と猥雑《わいざつ》性に満ちて、どこか胸をときめかせる節分祭は吉田神社特有のものである。

吉田の節分は豆を撒《ま》かない。方相氏《ほうそうし》という鬼より恐い、四つ目の鬼を退治する呪者が出

厄塚。節分の日にお目見え。大元宮の扉も、この日は開放される。

て、矛《ほこ》と楯《たて》を持って鬼を払《はら》う。宮中の邪鬼を追い払う儀式「追儺《ついな》」から出たという。しかしそれは、藤原氏の氏神を祀る春日神社の前で行われる神事で、山の上では、別の節分祭が展開する。

山上には吉田神社の斎場所《さいじょうしょ》・大元宮《だいげんぐう》がある。ここが本来、吉田神社と呼ばれる所である。

「八」をシンボルとした建造物・大元宮では、厄《やく》払いをするための呪物を大元宮正面に建てる。厄塚《やくづか》である。この呪物の考案者は、吉田神道即ち唯一神道という怪しげな神道を打ち立てた吉田兼倶である。大元宮の「八」の様式と同じく厄塚も「八」を基本に成り立っている。

厄塚の作り方は口伝なので、現実に社

家・鈴鹿氏が神官さんとともに作っているその日に奉製工程を見せて頂いた。箇条書のメモも見せて頂いた。それは以下のようなものである。

一、毎年一月二五日に奉製する。
二、大元宮神殿向拝の前に薦《こも》を巻いた台形八角の台を設置し、それに八角の棒を刺し立てる。
三、棒の上には扇型に薄《すすき》を三束飾り付け、五センチメートルほど下に両垂れ紙垂《しで》の付いた榊《さかき》を飾り付ける。
四、棒には藁《わら》を巻き、本殿より八本の〆縄《しめなわ》を棒に引き付け、螺旋《らせん》状左巻に藁を巻いた棒の上を巻き下ろす。
五、〆縄には各八枚の紙垂を付ける（計六四枚）。
六、棒と八角台の接する位置に百日紅《さるすべり》の若枝を付け、榊を添え付ける。

「八」は陰陽道の数字――ハチは境界の意

大将軍八神社《だいしょうぐんはちじんじゃ》という、奇妙な名の神社がある。上京区の一条御前商店街の中にある。ここは紛れもなく「陰陽道」の社で、その証拠に宝蔵庫には百数十体の陰陽師が奉じたであろう神像を有している。また神像とともに陰陽道に関する資料も多く蔵している。「大将軍」の名を持つ社は境界に置かれた。「ハチ」の音《オン》は境界を表わす。

神社の説明では、「大将軍」とは「牛頭天王《ごずてんのう》の八王子《はちおうじ》のうちの魔王天王」の異名であるので、巷間《こうかん》で、いつしか「八神社」と呼ばれるようになったという。卜部兼連《かねつら》作の「大将軍」を描いた絵を所蔵している。

牛頭天王といえば、スサノヲの命と同体で、八坂神社（祇園社）の御祭神である。その妻・奇稲田姫《くしなだひめ》あるいは針才女（スサノヲの妻をいう時はクシナダヒメ、牛頭天王の妻をいう時はハリサイニョ）と、八人の御子たちと一緒に祀られている。祇園祭には、現在、この八人の御子が乗る八角形の屋根の神輿《みこし》が出る。「八」尽くし。

「一か八か」という言葉がある。カルタ博奕《ばくち》から出たものというが、その元の元は陰陽道の聖数「八」と「一」から出た。「一」は言わずと知れた「イチ」、「巫女」「ヨリマシ」の一般名称である。近江の小さな里（滋賀県高島市安曇川町《あどがわちょう》）に鎮座する三重生《みおう》神社の祭礼に「王の舞（王の鼻）」という「天孫降臨」伝承をもどく芸能がある。この祭に、男女二人の童子のヨリマシが出る。男の子は額に「八」の数字を、女の子は「一」の数字を付ける。この童男・童女に〝神〟は乗り移る。「一か八か」は、神が「さて、本年の祭は一の童女に乗り移るか、八の童男に乗り移るか、どちらにしよう」という呪語である。

大元宮の御祭神は八百万神《やおよろずのかみ》であるが、主祭神は天照大神《あまてらすおおみかみ》である。あくまでも八百万神の中心は天照大神なのである。

吉田神社の裏の顔は大元宮にあるが、その裏は、八坂の縁起と結び付く。曰《いわ》く、祇園御霊会に六六本の矛を立て、厄を払った、その人の名は、卜部日良麿《ひらまろ》という、と。貞観一一年（八六九）のことである。

吉田神社には陰陽道が隠れている。それを今、我々は厄塚に見ることが出来る。

――・つけたり①

節分の日、厄塚にサカキとともに挿されるサルスベリを「盗む」と「幸福」を得るという。今はそのことを知る人はあまりいないし、いたとしても「盗む」などという行為は〝神〟さまの前で「我が悪」をさらしているようなもので、神罰を受けそう……とても盗みなどは出来ない、と言われそうであるが、祭の日は特別である。今も時々サルスベリは「盗まれる」。しかし社家の鈴鹿氏も厄塚作りに関わった神官さんも、このことをあらかじめ承知していて、サルスベリは余分に用意される。たっぷり準備される。だいたい夜に盗まれるので、深夜、あるいは早朝、失われたサルスベリの本数分を、そうっと、足しておく。神さま以外は、盗んだ者が誰か知らない。

――・つけたり②

大元宮で「託宣の呪術＝神の言葉を聞く力」を増した女人がいる。中山《なかやま》みき、天理教《てんりきよう》の教祖である。「みきばあさんは、大元宮の前の地面に正座し、大元宮から漏れ聞こえるご講義の声を必死で聞いていた」という。それが『日本書紀』の講義であったかどうかはわからないが、今は失われた吉田神道の伝統を天理教が受け継いでいるのは確かである。

また吉田神社の東参道の入口には天理教と同じく幕末の新興宗教、黒住教《くろずみきよう》の教祖・黒住宗忠《むねただ》を祀る宗忠神社がある。黒住教は天照大神を祀る。宗忠神社がここに鎮座したのは因縁めいている。文化一一年（一八一四）の冬至の日、宗忠は奇跡に遭う。冬至の朝の太陽のエネルギーが彼の身体に入った。この時彼は「天照大神と一体」となった。以降、彼は天照大神を黒住教の中心に置き、その神徳を布教するのである。彼と天照大神は一体であるから、彼が望まずとも信者たちは、彼を「生き神」さまとして崇めた。そして死後、彼は本当に〝神〟となる。神名は「宗忠大明神」。この神号は吉田家から授けられている。

第二章　空也上人と松尾大明神

四条河原での空也。裸足でヨレヨレの衣、杖と鉦鼓（しょうこ）を持ち、念仏を称える。肋骨が透けて見えるほどに痩せている。『山城国愛宕郡等覚山愛宕院念仏寺縁起』巻下段四。

一　空也堂――鉢叩きの宿・将門の首

天皇の子・空也――乞食僧と土木工事

西洞院蛸薬師《にしのとういんたこやくし》を少し西に入ると、空也《くうや》の念仏道場・空也堂がある。正式名は紫雲山極楽院光勝寺《こうしようじ》。光勝とは空也の出家名である。

少し前まで主を失って荒れ果てていた空也堂も今は整備され、本堂の傍に庫裏《くり》もあり、空也関連の遺物も丹精に整備されている。もちろん正式の御住職もいらっしゃる。その昔訪れた時は、老婦人が御一人で叢《くさむら》の中の庵《いおり》というべき小さな空間を、しかし清潔に守られていた。開祖・空也上人像はもとより、二祖・定盛《じようせい》上人像も大切に祀られていた。その周りには空也上人縁《ゆかり》の鉦鼓《しようこ》や杖（鹿角杖《わさづえ》）や茶筅《ちやせん》が飾られていた。

空也上人とは一体、どういう人であろう。平安時代の遊行僧《ゆぎようそう》。全国を遊行し、道なき所に道を拓《ひら》き、橋を欲する所には橋を架け、水なき所では井戸を掘りと、今言うところの土木工事をして全国を廻った。こういう聖《ひじり》たちはたくさんいた。ただ、その名が今に伝わっている聖は少ない。行基《ぎようき》は有名だが、空也もそういう人であったということはあまり知られていない。

彼らの仕事は土木工事以外にもう一つあった。死者の埋葬・供養である。例えば行き倒れの人あらば火葬に付した。何のために、誰のために彼らはそんな過酷な仕事をしたのであろう。道に転がる屍《しかばね》を見れば、この世は仮の宿だからせめて「あの世」へきちんと送ってあげたい、と思ったのであろう。ただそれは誰のためでもない、もちろん自分のためでもない。遊行僧、念仏聖と呼ばれた人たちは、庶民の願望が生んだ存在である。

そう、誰に頼まれたのでもない。道を切り拓かねば、橋を架けねば、井戸を掘らねば、死者を葬らねば、とある日思い立って、普通の人が髪を剃らずに有髪《うはつ》のまま旅に出た。それで一名「毛坊主《けぼうず》」と呼ばれた。

中世における〝旅〟は、死と隣り合わせにあった。中世には「旅人＝遊行の民」という特殊な人たちがいた。彼らは定住しないゆえ、数々の差別を受けた。食を乞い、宿を乞い、いわば「乞食《こつじき》」と紙一重であった。なぜ、〝彼〟は旅に出るのか。多くは定住の地を追われた者である。その理由は、病であったり貧困であったりさまざまだが、底辺に生きていたというのは共通である。そして〝彼〟が「旅人」となる決心をするのは、多く神仏の啓示を受けてのことであった。いや、「啓示を受けた」という理由をもって〝彼〟は旅に出るのである。中世の旅人は、みな宗教者であった。ただ乞食に変わりはない。道々で行き倒れても仕方のない存在であった。その〝彼〟が歩いてゆく中で目覚めてゆく。本物の宗教者になってゆく。そして、死んで初めて、彼は神・仏となる。「人柱《ひとばしら》」となるのも、こういう旅人であった。「道祖神《どうそじん》」となってチマタで〝魔〟を払うのも彼らであった。

あの弘法大師空海でさえ、「お大師《ダイシ》さん」と呼ばれる時、こういう「旅人」の一人となる。

空海の「雪隠し」「擂《す》り粉木隠《こぎかく》し」の伝承もその一つだ。

ある雪の日の夕暮れ、その貧しい家はお大師さんの宿となる。

旅の僧が宿を乞うた。しかし接待する食物が何もない。その家の老婆が近くの畑から大根を盗んで炊いて出す（後述の山中家ではイナギに掛けてあった稲）。しかし外の雪を見ると、足跡が付いている。老婆は片足が悪かったので、擂り粉木のような形の一本足の跡が付いている。これでは大根泥棒の犯人は誰とすぐに知れてしまう。

しかしその夜、雪が降った。シンシンと降った。足跡は雪にかき消された。翌朝、お大師さんは「ごちそうになりました。またあたたかい布団に何日か振りで寝かせて頂きました。ありがとうございます」と老婆に頭を下げ、次の地へと旅立った。

お大師さんの宿となった家はその後、富貴《ふうき》になった、という訳ではない。お大師さんが来て下さる、訪問して下さる、それだけで幸福なのだ。

この伝承は全国に分布する。つい最近まで「お大師さんの宿」を名告《なの》る家は京にもたくさんあった。その冬の約束の夜（旧暦一一月一七日）、お膳を用意し、布団を敷いておく。朝起きると、布団の中があたたかい。「お大師さんがきなはった」。今も生きているこの床《ゆか》しい伝承。「家伝承」という。京都府福知山《ふくちやま》の山中家には、今も伝える人がいる。山中家の屋号は「アラタ」という。屋号とはその〝家〟を特定するために付けるシルシのようなもの。この「アラタ」は、おそらく「霊験あらたかなる」から来ているのであろう。この伝承を語る人は神仏の末裔。堂城（旧姓山中）和子さん。どうしても書き留めておかねばならない。

このお大師さんと同じように遊行の僧は、乞食行《こつじきぎょう》をしながら全国を巡ったのであろう。「空也」も「空也僧」と呼ばれた聖集団の一人である。しかし、京では空也は、生没年不詳の乞食僧ではない。天皇の御子である。

空也は醍醐《だいご》天皇の第二皇子とも第五皇子とも伝えられる。このことはもちろん、空也堂でも伝えるが、寺町通仏光寺下ルの恵美須之町《えびすのちょう》の空也寺では、よりそのことを強調して伝えている。曰く、

「空也上人は醍醐天皇の第五皇子で、三歳の折、父は子に修行をさせるべく、鞍馬山《くらまやま》へ上らせる。そこに離宮を作り、以後三〇年、空也は一度も下山することなく、修行にあけ

くれた」と。

三三歳で下山した空也は空也寺を拠点に洛中に念仏を広め、西光寺《さいこうじ》で没する。西光寺とは現在の六波羅蜜寺である。六波羅蜜寺にある「空也上人像」はあまりに有名だが、そこには皇子の面影はない。三〇年も山中で過ごし、鹿を友として過ごした人は、やせ細り老いている。

『山城国《やましろのくに》愛宕郡《おたぎのこおり》等覚山《とうかくさん》愛宕院《おたぎいん》念仏寺《ねんぶつじ》縁起《えんぎ》』という絵巻がある。そこに四条河原で踊念仏をしている空也が描かれる。正に乞食僧である。この空也の姿を見た、絵巻の主人公・千《せん》観内供《かんないぐ》は、立派な輿に乗って御所へ向かう自分を恥じ、すぐさま輿を降り、摂津の山中に遁世《とんせい》する。それほどに空也の念仏する姿は千観の心を打ったのであろう。「仏に仕える身は、ああらねばならない」と。

平将門と「空也の図子」――神田明神に祀られた「天皇」

空也には師もいなければ、弟子もいない。いや、空也堂では二祖がいるのだから、その人が弟子であろう。空也と二祖・定盛上人《じょうせいしょうにん》との間には、こんな話が伝えられている。

空也がまだ鞍馬山にいた頃、猟師の定盛《さだもり》と出会った。定盛は空也の目の前で一匹の鹿を射殺した。その鹿は空也の友であった。空也は、

賀茂祭を先導する空也をもどいた“上人”。この人が鉢叩きであることは、後の若者が持つ瓢簞で知れる。『賀茂祭絵詞』（空也堂蔵）。

「その鹿の屍をもらい受けたい。その代わり、この瓢簞《ひょうたん》を差し上げましょう」

と言って、定盛に瓢簞を与えた。空也はその瓢簞について次のように語る。

「これからあなたは、この瓢簞を叩いて拍子を取り、念仏を称えなさい。そのあなたの念仏の声に、人間ばかりでなく鬼も獣も虫も『あなたの念仏の徒になりたい』と言ってくるでしょう。そのありがたい気持ちはこの瓢簞の中に籠もって未来へと念仏の功徳を伝えることでしょう」

猟師・定盛はたちまち悔悟《かいご》して、弓矢を捨て、瓢簞を持って、空也の教えに従った。下山した定盛は瓢簞を竹の枝で叩いて、念仏を称え、踊り、洛中を巡り、今までの「殺生」を恥じて死者供養・死者鎮魂をした。この事件が空也上人を下山させた。そして上人は定盛によって空也堂に迎えられた。

空也を初祖とし空也堂を建てた定盛は、そこを拠点に「鉢叩き」と名告《なの》り、念仏踊をしながら、茶筅を売って生計を立てた。そしてその後もこの定盛の子孫が空也堂を守ってゆく（それゆえ、現在でも、こちらの御住職はその名に「定」の字を付ける）。有髪のまま、つまり「毛坊主」として、「鉢叩き」として、その歴史を紡いだ。そして、この寺は天台宗に属した。それで空也堂の住職となる上人だけは出家・剃髪《ていはつ》した。ただ、諸説あって、例えば『空也上人絵詞伝』では空也堂の開創を空也本人としている。

空也堂にはもう一つ別の「鉢叩き」誕生譚が伝えられる。こちらの方がミステリアスである。

平将門《たいらのまさかど》という人がいた。東京の神田《かんだ》明神に祀られている。〝神〟となった〝人〟である。将門は桓武天皇の皇子・葛原《かつらはら》親王の系譜にある人で、自ら、天皇と称した（『将門記《しょうもんき》』）。しかし天慶《てんぎょう》の乱で敗死。この将門の死は時の帝も権力者も大いに恐れた。タタリがあると恐れた。それで、将門の一族はもちろん、臣下もその家族も男という男はすべて、京に送られ獄門と決まった。その時、空也が突然、登場する。空也はその獄門と決まった人たちを救う。そして、将門ゆかりの人々に言う。「戦いの甲《かぶと》を脱ぎ、それを逆様にして、叩きなさい。それは念仏の鉦《かね》の音を出すことでしょう。あなたたちはこれより念仏の徒として死者供養・死者鎮魂をして余生を過ごすのです」。

それで将門ゆかりの者たちは、みな念仏の徒となった。甲を叩く姿が鉢を叩く姿に似ていたので「鉢叩き」と呼ばれた。その甲がいつの間にか瓢箪に替わって、「鉢叩き」と言えば、瓢箪を叩いて踊り、茶筅を売る者ということになった。

なぜ瓢箪だったのか。茶筅だったのか。空也上人の愛した瓢箪とは？

茶筅の方は、疫病が流行した折、空也上人が茶を点《た》てて病人に飲ませたところ、病たちまちに快復した。それで茶筅は「厄除け」の呪具と見立てられ、これを売って生計を立てることを思い付いたということになっている。

この疫病、天皇にまで及んだ。それで同じく茶筅を用いて茶を点て飲んで頂くと、たちまち天皇の病は快癒したという。それで、その〝薬〟となった茶を「王服茶《おうぶくちゃ》」と称す。これは空也が天皇の御子ということを忘れぬためのカタリでもあろう。「王服茶」のカタリは六波羅蜜寺で現在も大切に伝えられている。

「鉢叩き」の出生《しゅっしょう》は定盛から発するのか。将門から発するのか。定盛も貞盛と書けば、将門との関係が生じる。将門を討伐した平貞盛が、この猟師・定盛と重なる。

「将門」――神田明神に祀られる。〝神〟として坐す――〝カンダ〟という音《オン》は身体《カラダ》から出たという。「カラダ→カンダ」。からだ明神が、かんだ明神となった。そしてここがとてもミステリアスなところであるが、東国で斬首された将門の首は、斬られるや否や恋しい京へ飛んできたという。京へ飛んできた将門の〝首〟は大切に祀られている（異説多くあり）。

空也堂の近くに、「膏薬《こうやく》の図子《ずし》」という細い通りがある（「図子」とは大路と大路を連絡する小路のこと）。その図子に面して小さな祠がある。そこに「将門の首」は祀られていた。実はそこは、柴田二郎氏という方の家であった。なぜ個人のお宅に？　昔から柴田家の庭には「将門の首塚」と称する〝もの〟があったという。それ以上のことは解らない。あの国文学者で将門の研究者・村上春樹氏もこの話に興味を持って柴田家を取材に訪れている。将門の首塚伝承は全国に分布する。しかし〝新皇〟を称し、〝京〟の最高権力者になろうとした将門の〝首〟は京にあるのが一番相応《ふさわ》しい。

そして、この地に昔から将門の「首塚」があったであろうということは、その図子の名称からも容易に想像される。「膏薬の図子」は「空也《こうや》の図子」の訛《なま》ったもの。古くはこの図子、「空也の図子」と言った。将門の首塚は、元は空也堂の境内地に祀られて、空也僧・鉢叩きによって鎮魂されていたのであろう。柴田家は、今は主の死とともになくなった。その代わり、通りの向かいに〝将門〟は「京都神田明神」という名で新たに祀られている。ただ、かつて首塚の祀られていた場所は、今も〝そこ〟にある。その場所、消してはいけない。消せば必ずタタリがある。せめて「首塚旧地」として、社も祠もなくとも、その御霊《みたま》の住まいを記憶するために怨霊の坐すその場所を消してはいけない。

かつて空也堂のあの荒れ果てた庵時代を守っていた女主の名は葛原《かつらはら》か代子さんという。葛原親王（桓武平氏の祖。平氏の初め）の末裔である。空也堂は、やはり平将門と因縁深い。ところで、空也はどうして将門と結び付いたのだろう。平将門という大怨霊のタタリを鎮める呪力を持つ者は、空也を祖とする鉢叩きという職能者以外にいなかった。では「鉢叩き」とは、どういう存在であったのであろう。

二　北野天満宮末社・福部社――「福の神」と鉢叩き

十川能福――菅原道真の舎人

空也上人を祖とする鉢叩きは、京のど真ん中、空也堂を拠点として洛中を巡った。そしてその拠点を広げてゆき、洛外にも出た。また遠く西下し、山陰・山陽にも拠点を作ろうとしていたようだ。しかしあまりその勢力は拡大しなかった。やはり〝京〟があっての「鉢叩き」であった。なにしろ、彼らの一番の仕事は、もしかしたら天皇になったかも知れない平将門の怨霊を鎮魂することであったから、〝天皇〟の坐《いま》す都を離れてはいけないのだ。ただ、九州にまで彼らの跡はあるので、「鉢叩き」によって、空也上人の物語も平将門の怨霊とともに、西へ西へと運ばれていったのであろう。だから九州に将門の首塚伝承があっても不思議ではない。

しかし京の鉢叩きは東上しなかった。関東には同じ職掌の「鉦打《かねうち》」なる者がいたからである。ただ鉦打が踊念仏をしたり、その折にヒョウタンを叩いたかどうかと言うと、それはどうもないようである。

やはり京の鉢叩きは特別な存在であった。

受験シーズンになると全国から受験生がお参りに来る社、菅原道真《すがわらのみちざね》を祀る北野《きたの》天満宮は、京都市上京区馬喰町《ばくろちょう》にある。この時、道真は「学問の神」である。この北野天満宮の摂社に「鉢叩き」の神、「ふくべの神《しん》」が坐す。「ふくべ」は、こちらではヒョウタンの「瓢」ではなく「福部」の字を当てる。摂社の正式名は「福部社《ふくべしゃ》」。北野天満宮では、この福部社の祭神を主祭神・菅原道真の家臣、十川能福《そごうのうふく》とする。能福は家臣といっても、貴人の身の回りの世話をしたり、牛馬を扱う舎人《とねり》という職掌であったので、身分は高くなかった。ではなぜ、大勢の家臣の中から「十川能福」は選ばれて、死してもなお、道真の傍にいるのか。摂社として祀られているのか。そしていつ、鉢叩きの神となったのか。

「狂言」の「ふくべの神《しん》」を見てみよう。二パターンある。一つは、この北野天満宮の

「空也堂踊念仏」。『都名所図会拾遺』巻一（1787）より。この図は「鉢叩き」が空也堂で鉦を叩き、踊躍している図。手に瓢箪を持っているのが「鉢叩き」のシルシ。同じ芸態を、今は北野天満宮の節分会に見ることができる。茂山千五郎社中の奉納である。

「福部社」を「福の神」と見立てた『福部の神』。もう一つはズバリ、ヒョウタンの神が登場する『瓢の神』で、こちらの狂言の舞台は洛西の松尾大社である。

『福部の神』は「鉢叩き」が正月、大勢集まって北野社へ参り、神へ自分たちの芸能を奉ずるというもの。舞台に出てきた「鉢叩き」は、

「毎年春正月、我ら鉢叩きは、仲間とともに、北野の『瓢の神』に参詣し踊念仏を勤めることを旨としている。本年もその時分となった。みなで待ち合わせて北野へ参ろう」

と言う。

しかし松尾大社の『瓢の神』は、太郎という名の鉢叩きが一人出て、

「この職業ではとても生計が成り立たない。今まで空也上人の教えを守って鉢叩きとしての勤めを果たしてきたが、もうどうにも立ちゆかぬ。衣もボロボロで情けないこと限りない。鉢叩きの宗旨を捨て、いっそ都へ奉公に出ようと思う。最後に我らが祖・空也上人と仲がよく、鉢叩きの守護神として長年我らを守って下さった松尾大明神に通夜《つや》して別れを告げよう」

と、鉢叩き・太郎は松尾大明神の御神前で一夜を明かすこととする。するとその夜の夢枕に、松尾大社の末社の神「瓢の神」が立ち現われ、

「松尾大明神は、あなたたちの祖・空也上人と縁あるによって、何とか、あなたを助けようと思うている。大明神は、まずはそのボロボロの衣ではあまりにかわいそうなので、『瓢衣《ふくべごろも》』という立派な着物を用意して下さった。これから以後、何とか生計が立つように見守るので、この衣に着替えてもう一度鉢叩きに専念するように」

と告げる。

シテの鉢叩き太郎とて、空也上人の教えを捨てるのは辛いことであった。ありがたく「瓢の神」の言葉に従い、再び鉢叩きに専念すると神の御前で誓うという「目出度《めでた》し、目

出度し」の結末である。

松尾大社の狂言『瓢の神』の方が、物語性は高い。ただし、松尾大社では、「瓢の神」を祀る末社は今も昔も存在しないという。

北野天満宮の方も狂言の『福部の神』の「ふくべの神」を祀る社は、福部社に当たるというが、それはあくまで、室町の「狂言」に〝そう〟あるのだから、福の神を祀る社は福部社であろうということになっているのである。

老松社――祝言曲「老松」

十川能福という人については詳しいことはよく解らない。ただ、能福と同じ舎人であった島田《しまだ》忠臣《ただおみ》という人も福部社と対で摂社として北野天満宮に祀られている。社の名は「老松《おいまつ》社《しゃ》」という。

この島田忠臣の方は、どういう人かが詳しく語られる。

「老松社の祭神・島田忠臣は、道真御在世時、牛飼として道真に仕えた舎人である。道真は神に無実を訴えるため、より神に近付こうと、筑紫《つくし》の高山に登った。高山とは世に言う『天拝山《てんぱいざん》』である。その折、御手に持たれていた笏《しゃく》を御預かり申して、忠臣はともに登った。また道真の死後、天神となって降臨する地、即ち影向《ようごう》の地には〝松〟が生《お》うたというが、じつは、道真が松の種を忠臣に与え『これを彼の地に蒔《ま》いて欲しい』と言った故、主《しゅう》の言葉に従って、忠臣は北野の地にその天神由来の松の種を蒔いたという。忠臣は死して、主の坐す本社より一町ばかり東の地に祀られた。忠臣は『松を生やした』ので、老松と通称され、後にそれが社の名となった。

祭日は三月一二日。明治一〇年三月二一日に本社の近くに合祀され、やがて摂社に列せられた。かつて老松が坐したその場所は老松町という町名となって今に伝わっている」

福部社は老松社と同じ造りの社殿で、祭日も摂社に列せられた年月日も一緒である。

この老松社の島田忠臣と、福部社の十川能福の関係を『謡曲拾葉抄《ようきょくしゅうようしょう》』（江戸時代中期の謡曲の注釈書。独自の解釈が魅力的）は「天拝山登山」の折、笏を持ったのが老松で、仏舎利を持ったのが福部（富部）であるとする。二人ともに生前も死後も道真の忠実な家臣であった。能『老松』は脇能という祝言《しゅうげんきょく》曲だが、ここに忠臣は老松の精として、能福は梅の精（能福は福部社に入る前は天満宮の境外摂社・紅梅殿に坐した）として登場する。

老松社・福部社が対であるのは、以上のような事情にあった。ところがある日、誰が言い出したのか、福部社は老松社と離れ一人、「福の神」となった。ただその福の神となる前に「鉢叩きの神」となっている。つまり「福部」→「ふくべ」の音から「瓢」→「ヒョウタン」となり、ヒョウタンを呪具として念仏を称える徒・「鉢叩き」の神となったというのだが、果たして、それだけの理由であろうか。

北野天満宮の地、馬喰町は、陰陽師の住まう所であった。陰陽師の呪具に瓢箪がある。瓢箪をその名に抱える福部社は、この地の陰陽師たちの信仰の対象であったのではないか。因みに陰陽師たちは瓢箪をどう使うかと言うと、その空洞に「言葉」を封じ籠めるのである。その言葉は、祝言でも呪詛《じゅそ》でもいい。そして、その言葉の最後に「急急如律令《きゅうきゅうにょりつりょう》」という呪言を吹き入れ、言葉が逃げぬよう、急いでいそいで瓢箪の口に蓋をする。これで願い事は叶うのである。

福部社を信仰した北野の鉢叩きは、将門ではなく、道真の怨霊を鎮魂したのであろう。北野の福部社は今も「福の神」として信仰されている。節分に北野に参れば、それが解る。福部社では節分会が行われ、「福は内、鬼は外」の声が飛び交っている。狂言師・茂山千五郎社中が創作狂言『福の神』を演じて、最後に豆撒《まめま》きをする。この創作狂言『福の神』の初めに鉢叩きが出る。大勢出る。その格好は、昔ながらの「茶筅売り」の姿である。

北野天満宮の摂社・福部社。この社の表の顔は「福神」である。しかし裏に回れば、道真の怨霊が見える。お参りする折には、くれぐれも鎮魂の心を忘れぬ方がいい。

道真と将門は『将門記』という〝本〟の中では、奇妙な関係にある。『将門記』で平将門は〝天皇〟となる。その〝位〟を将門は道真から受ける。「平将門の乱」即ち「天慶《てんぎょう》の乱」は天慶二年（九三九）に起こる。「西《にし》の京《きょう》」の童女・奇子《あやこ》が神託によって小さな祠に道真を祀ったのが、天慶五年（九四二）である。道真の怨霊と将門の怨霊は、怨霊の系譜では親子・兄弟のように繋がっている。

ちなみに、空也の正式（？）な「伝記」『空也《くうや》誄《るい》』では、諸国を遊行していた空也が洛中に入った年を天慶元年とする。

三　松尾大社末社・衣手神社――鉢叩きの空也上人

神輿に乗る？　――空也上人

衣手《ころもで》神社に参る。石柱に「松尾神社末社　三ノ宮社衣手社」と刻されている。桂川《かつらがわ》の左岸、右京区西京《にしきょうごく》極東衣手町にあるささやかな社・衣手神社。町中にあるのに、空気が清い。衣手の神は羽《は》山戸神《やまとのかみ》という。自然神・農耕の神と言い伝えられてきた。

石柱に「三宮」「衣手社」と二つの名が並んでいるのには理由《わけ》がある。衣手神社は、元は三宮社といって、御祭神は、玉依姫《たまよりひめ》一柱であった。そこへ明治八年（一八七五）、松尾大社に坐した羽山戸神のご分霊が合祀され、今は二柱の神が仲良く並んでいらっしゃる。

向かって左、衣手神社の神輿土台左側に飾られる金具。旅姿の空也上人は、大きな瓢箪を背負っている。
向かって右の金具には団扇を持つ空也上人。団扇は神を招（お）ぐ呪具。

そしてここ、衣手神社では、空也と松尾大明神の仲が良いことはすでに書いたが、その仲を取り持つ具体的な〝もの〟がある。それは神輿《みこし》である。

神輿の土台を支える棒の正面に取り付けられた飾り金具に、空也上人が描かれている（鋳出されている）。左右一対、二つの空也上人の飾り金具を衣手の神輿は負っている。つまり、空也上人は松尾の神さまの神輿に乗っている。その飾り金具の一つに瓢箪を背負った「鉢叩き」姿の空也上人がいる。

神と仏の組み合わせ——松尾の神と念仏聖・空也。いつこの「金具」は神輿に取り付けられたのだろう。

松尾の神と空也上人の仲の良さは、中

世の説話や芸能で知ることが出来るが、今にそれが伝えられている証があるということが貴い。

神仏分離となって、神と仏の間に距離が出来たように思われるが、こういう衣手神社のような町中のささやかな社に「神仏習合」というより、「神仏一体」の日本人の原信仰が生きて残っているのが床しい。

今、衣手神社にお参りしても、空也はいない。しかし祭の日、「松尾祭《まつのおさい》」の間、私たちは松尾神社と衣手神社の二つの場で、念仏聖・空也に会える。松尾祭は、元々は三月の中《なかの》卯日《うのひ》に神社から御旅所《おたびしょ》へ道中する「神幸祭《しんこうさい》」が行われ、四月の上酉日《かみのとりのひ》に「還幸祭《かんこうさい》」が行われた。現在は、神輿の舁《か》き手や神事を取り仕切る人たちの都合もあって、四月二〇日以降の第一日曜日に神幸祭、三週間後の日曜日に還幸祭を行っている。

衣手神社の神輿は、松尾大社の神輿庫を出て、衣手神社にやって来る。そうして「二一日間」、お泊まりする。

かつてこの「お泊まりの期間」は、どんなに花やいでいたであろう。「六斎念仏《ろくさいねんぶつ》」という芸能が奉納され、空也上人との関わりから、時宗の僧が念仏を称えにやって来た。衣手社を鎮守社としていたと思われる、ほん近くの念仏寺からは鏡餅のお供えもあった。今は「六斎念仏」も時宗の僧の来訪も、「鏡餅」の神事もない。そして昔むかしの話を語れる人もいない。

しかし庶民信仰の力はすごい。「わざわざ」ではないのだが、この辺の地名、「郡《こおり》」は行政名としては失われたが、念仏寺の正式名は「郡念仏寺」である。そして衣手神社も祭の日は「郡の御旅所」と名を変える。つまり「郡村」の産土神《うぶすながみ》が衣手社で、神宮寺が念仏寺であったことが、この「郡」の名への執着で解るのである。

では、その衣手社の御祭神の羽山戸神とは、果たして農耕神ということでいいのだろうか。「玉依姫」一柱であった「三の宮社」に、松尾から御分霊としてやって来た羽山戸神は、元々は〝ここ〟にいらっしゃらなかったのだから、「郡村」の産土神とするには無理がある。いや、神さまのことを考える時には、もっと自由にならなくてはならない。羽山戸神という神名は、「葉山《ハヤマ》」と「戸《ト》」で成り立っている。ともに「境界」を表わす言葉である。

松尾大社の注連縄《しめなわ》が注連縄ではなく「勧請縄《かんじようなわ》」であることとも関わる。「勧請縄」とは魔や疫神が入ることを阻止する〝結界〟である。注連縄も勧請縄と同じく神の宿る「依《より》代《しろ》」となる前は〝結界〟する〝もの〟であった。注連縄を「依代」とする考えは新しいものだという（五来重）。

大体、衣手神社の「衣」こそが、松尾の神と空也上人を結び付けている。『発心集《ほっしんしゅう》』（第

松尾大明神、空也に「衣」を所望。『空也上人絵詞伝』巻之下

七「二　同上人、衣を脱ぎ、松尾大明神に奉る事」）には以下のような話が描かれる。

空也が紫野《むらさきの》の雲林院《うんりんいん》にいた頃、普通の人とはとても思えない尊い老翁と出会った。その方は七月というのにとても寒がっていらっしゃる。その御方は空也に〝衣〟を請う。その折に老翁は「私は松尾《まつのお》の大明神です」と名《な》告《の》る。

空也はかたじけなくもあわれに思って、大明神に衣を奉りたいと思うが、何せ乞食《こつじき》僧《そう》、今着ている衣より他に大明神に奉る衣がない。そこで、空也が「小袖（下着）を奉りたく思いますが、この小袖は私が四十余年、起きている時も寝ている時も着ている垢《あか》の付いた小袖です。大変汚い衣ですが、これより他、あなたさまに奉る衣がありません。どうぞ、この垢の付いた衣を、受け取って下さい」と申し上げると、大明神は「これぞ、正に〝法華〟の衣」と言って早速にその衣を纏《まと》い、「いと暖かになりたり」と喜ばれ、「この衣の御礼に、上人の仏道が成就されるその日まで、私はあなたをお守り致します」と言って姿を消した。

なぜか同じ話が中世の説話集にはたくさん載せられている。『古事談』(巻第三)にも載る。この時、松尾大明神は「奇《あや》しかりける(人)」と書かれる。『三国伝記』や『因縁集《いんねんしゅう》』では「老翁」「白髪の老人」と表現される。

松尾大明神は、わざわざ空也に会うために洛西の社を出《い》でて、空也のいる紫野にやって来たのだ。そして空也の念仏守護のため、空也が身に着けている「衣」を所望したのだ。松尾大明神が空也の小袖を身に着けた時、「神仏合体」「神仏一体」という奇瑞が起こった。そしてこれより〝二人〟は仲良く、手をたずさえて、衆生済度《しゅじょうさいど》を行うのである。「衣」の呪術がここにある。衣手社の名の起こりがここにある。

空也の小袖――あったかい

救済の実行者が空也で、その空也の事業の成功を見守り助けるのが松尾大明神である。空也の大切な仕事の一つに「死者供養」があった。松尾の神の坐す地は、桂川という京の〝大河〟を抱えている。水の恵みはありがたい。しかし大雨が降ればたちまち川は暴れ、疫病が流行った。その折、一番被害を受けるのは、幼い子供たちである。空也は疫病で亡くなった子供たちの鎮魂をした。

念仏寺の信仰に「子安地蔵《こやす》」の信仰がある。また葬送はこの寺の仕事であった。時宗の僧が衣手にやって来て念仏を称えたのも、一番は「死者供養」「死者鎮魂」にあったに違いない。今、郡念仏寺の宗旨は浄土宗西山禅林寺派《せいざんぜんりんじ》であるが、禅林寺即ち永観堂《えいかんどう》の信仰は時宗に近い。

ところで、衣手に念仏を称えに来た時宗とは、何派であろう。中世、時宗は今と違って大きな教団であった。そのため多くの派に分かれ、いくつもの道場を構えていた。四条京極の金蓮寺《こんれんじ》を中心とする四条派、七条道場・金光寺《こんこうじ》の七条派、そして東山の国阿《こくあ》上人の霊《りょう》山《ぜん》派（国阿派）、一遍《いっぺん》の血脈を守る弥阿《みあ》上人（一遍の甥）の六条道場・歓喜光寺《かんきこうじ》、一条道場・迎称寺《こうしょうじ》等々、たくさんの時宗の寺があった。

衣手に参った時宗は、七条道場・金光寺の僧と言われている。ただ、七条にはもう一つ道場があった。市屋《いちや》派の市屋道場である。こちらも寺名が金光寺であったので、よく七条派の金光寺と混同される。

市屋道場の開基は空也である。おそらく衣手にやって来たのはこの市屋派であろう。市屋派・金光寺の縁起はそのことを物語っている。「金光寺」の縁起に既に空也上人と松尾大明神の親しい関係が説かれている。

「当寺開山空也上人は延喜《えんぎ》帝《てい》（醍醐天皇）の第三皇子なり。延喜三年（九〇三）の生まれ、同一九年、尾州国分寺《こくぶんじ》で剃髪出家、光勝《こうしょう》と号す。空也、同二二年天台山（比叡山延暦寺《ひえいざんえんりゃくじ》）に登り、戒を受ける。しかし承平《じょうへい》元年（九三一）、大原鞍馬寺《くらまでら》に隠棲、念仏三昧の生活を送る。

（中略。ここからは、先に述べた猟師と鹿の話となる）。そして天慶《てんぎょう》の時、疫病が蔓延した。空也は薬師《やくし》の力を借りて、病者を助けようとする。その時、一人の老翁と出会う。この老翁が松尾大明神であった。（後略）」

松尾大明神は、空也が一心に病者を薬師如来の力を借りて助けようとした折、突如出現して、空也の力となる。

時宗の寺の開祖は当然、一遍上人であるのだが、市屋道場・金光寺だけは空也を開祖とし、一遍を二祖としている。

衣手の神は、松尾大明神と御一体と私は考えている。空也が旅から旅の修行の最中、四十余年も、一度も着替えることなく着続けた小袖、さぞ臭かったろう、ボロボロであったろう。それを所望して「あったかい」と言った松尾大明神は、正に〝衣〟の神である。松尾大明神がその空也の汚れた衣を身に着けると、たちまち芳《よ》い匂いが辺り一面に放たれたたことであろう。

『発心集』や『古事談』『三国伝記』『因縁集』等々には、それは「ありがたい『法華の衣』」などというが、そんなにむつかしく考えなくてもいいではないか。

垢じみた小袖を着て、ボロボロの乞食僧の衣を着て、「あったかい、あったかい」と言っている松尾の神さんが、どんなに空也を愛していたかが解る。

衣手神社――その地に立てば、神の愛とやさしさが伝わってくる。芳い匂いに満たされて少しの幸福を感じるだろう。

衣手社の神は昔むかしからこの地に坐した。松尾大社から勧請されたというのは「後の話」であろう。

四　六波羅蜜寺の神仏――死者供養・「山送りの地蔵」

空也の地蔵堂――松尾大明神を祀る

六波羅蜜寺は有名な寺である。この寺を有名にしている最大の理由は、この寺の宝蔵庫に坐《いま》す「空也上人」の像である。

あの、口から阿弥陀仏を吐き出している奇妙な像である。小さなちいさな仏さま、阿弥陀さまが六体、空也上人の口から出ている。この六体の阿弥陀さまは「六字の名号《みょうごう》」を表わす「南無阿弥陀仏」の具現化だという。つまり空也が「ナムアミダブツ」と「六字の名号」称えると、口から阿弥陀さまが出現したのである。

このちょっと変わった御像を私たちはなぜか知っている。教科書である。中学の美術の教科書である。そこにはこの空也の六体の阿弥陀仏を口に銜《くわ》えた写真がかつては必ず載せられていた。それで「空也」という名を知り、六波羅蜜寺を知るのである。ただ、六波羅蜜寺という名は空也滅後の天台別院となった時からの寺名で、空也の時は西光寺《さいこうじ》と言った。西光寺は寺というより庵のようなものであった。

西光寺は元々は庶民信仰の小さな地蔵堂であった。宝蔵庫に空也上人と並んで坐す「鬘《かずら》掛《か》け地蔵《じぞう》」を祀るささやかな御堂であった。荒れ果てていた地蔵堂を空也は西光寺として再興する。その折、本尊を観世音菩薩とし、脇侍《わきじ》として地蔵を安置する。そして鎮守社の神として松尾大明神を迎える。

江戸時代の地誌『山州名跡誌《さんしゅうめいせきし》』巻之三（一七一一）には、松尾大明神は六波羅蜜寺の「鎮守社」として、

「開山堂の南に在り　祭る所　松尾神　此神《このかみ》を祭《まつり》て当寺の鎮守となす事。松尾神　老翁と化《け》して。上人に法衣を得て。法花醍醐味《ほっけだいごみ》を服《ぶく》すと歓喜《かんぎ》し玉ひし由因《ゆいん》なり」

と、例の「衣の話」を記して、空也上人が松尾大明神を六波羅蜜寺の鎮守社とした経緯を語る。

また絵で見せる案内書『都名所図会《みやこめいしょずえ》』巻二（一七八〇）には、本堂と向かい合って大き

な鳥居が描かれる。その鳥居の内にはこれまた立派な社が描かれている。そして「松尾大明神」の文字が添えられている。その松尾大明神の社と並んで、『山州名跡誌』が書いているように、「開山空也堂」が描かれる。松尾大明神と空也上人は、江戸時代、そのお住まいは隣同士であった。

餅の的と鳥辺野――「鬘掛け地蔵縁起」

六波羅蜜寺にお参りする。境内を歩く。「あれっ」と思う。松尾大明神がいらっしゃらない。社はどこに行ってしまったのだろう。松尾の神さんはどこに行ったのだろう。それは決まっている。空也上人と合体したのだ。ポカンと口をあけた、あの空也上人像の中に、口から松尾の神は入り込まれたのである。空也上人の仕事の一つに死者供養・死者鎮魂があったように、松尾の神さんも〝死〟と深く関わる。神というものは、ケガレを嫌うので、死者供養したり、鎮魂したりはしないものである、という考えは新しいものだ。六波羅蜜寺一帯は、京の有名な葬送の地・鳥辺野を抱える。その鳥辺野と松尾大明神は深く関わる。

『山城国風土記《やましろのくにふどき》』逸文《いつぶん》に、鳥辺野の縁起が描かれる。こんな話である。

秦公伊呂具《はたのきみいろぐ》という者が餅を的にして矢を射た。その的となった餅は鳥となって飛び去った。その鳥が居《お》りた所を「鳥部（鳥辺野）」という、と。

もう一つ、まったく同じ話を逸文は載せる。ただ結末が違う。白い餅の的は、確かに同じく鳥となって山上へ飛んでゆくが、こちらの方は白鳥《しらとり》の降りた所に「稲が成り生《お》いき」とある。それで、その鳥の降りた所を「稲成」、イネナリ、イナリと言うと、こちらは稲荷大社の縁起になっている。

この二つの縁起、ともに渡来系の古代豪族・秦《はた》氏の伝承である。稲荷大社は秦氏の社である。松尾大社も秦氏の社である。一般に稲荷大社を祀る秦氏を東の秦氏、松尾大社を祀る秦氏を西の秦氏と呼ぶ。

「稲荷大社縁起」とそっくりなこの「鳥辺野縁起」、一体、何を語っているのだろう。それを知るために六波羅蜜寺の「鬘掛け地蔵」の縁起を語ろう。この縁起、寺伝であり、巷説であるので、伝えられている内容が少しずつ違うが、大まかなストーリーはザーっとは以下のようなものである。

東山のほとり、鳥辺野の近くに貧しい母娘がいた。娘は日頃から鳥辺野の入口に祀られている地蔵を熱心に信仰していた。そんな母娘を不幸が襲った。

母が病にかかり急に亡くなってしまったのだ。娘は母の遺骸を前に涙するも、葬儀代もない。娘はただただ母の死骸を寂しく見つめて、その日を過ごす。その夜、突然見知らぬ

「鬘掛け地蔵」。六波羅蜜寺が配布した御札。

僧が現われて、ねんごろに読経し、死骸を背負って鳥辺山に登り、そこに死体を埋め、土饅頭《どまんじゅう》を作り、花を手向《たむ》け、野辺の送りをしてくれた。娘はこの不思議な出来事をありがたく思い、僧に御礼をしたく思うが、差し出すものは何もない。それで母の「かもじ」を僧に「どうぞもらって下さい」と差し出した。

娘は翌日、「これはきっと地蔵尊への信心のおかげ」と思って、夜が明けるとすぐに、地蔵尊にお参りした。その時、フト地蔵尊を見ると、足には土が付いている。そして、あの「かもじ」を手からぶら下げていらっしゃる。

娘の母の供養をしたのは、じつは、この鳥辺野の地蔵尊であった。

一名「山送りの地蔵」（山送りとは葬送のこと）という、この地蔵を祀る御堂に、空也上人と松尾大明神はご一緒にやって来たのだ。そして二人は現在の六波羅蜜寺に坐して鳥辺野の〝守護神〟となったのである。神も大いに人の死と関係している。

祝園の松尾大社——秦都理と大山咋神

『風土記』に載る「餅の的」が鳥と化すというほとんど同じ話が、鳥辺野の由来にも、稲荷大社の由来にもなっているのは奇妙である。しかも餅を的に矢を射たのは秦伊侶具という同一人物である。しかし葬送の地「鳥辺野」の起源が、秦氏の「餅の的」にあるということは、あまり声高に言われない。なぜか。松尾の神と葬地を結び付けたくないのだ。

時代は、ぐっと下がるが、文武《もんむ》天皇の御代、大宝元年（七〇一）八月、秦氏の都理《とり》という人の枕元に、山の神で開拓の神である大山咋神《おおやまくいのかみ》が立たれ、「この辺に一社を建立し、汝《なんじ》の子孫をもって永く仕えるべし」という神託を垂れ給うた。都理は霊地を選んで、大山咋神を祀った。大山咋神とは松尾大明神の異名である。「この辺」とは、南山城の祝園《ほうその》である。霊地に建てられたのは祝園の松尾神社である。「祝園」——この字、嘉字《かじ》であるとても目出度い〝名〟である。しかし、その「祝」の音《オン》は「放《ほう》る」から来ている。そして「園」は葬地を意味する。つまり「祝園」とは「屍を放る葬送の地」という意である。

洛西の松尾大社の「西七条御旅所」の傍に時宗の西蓮寺《さいれんじ》がある。かつては市屋道場金光寺の末寺であった。そしてこの寺は松尾大社の御旅所の境内地にあった。西蓮寺の僧は御旅所の社僧として働いていた。社僧の最も重要な仕事は、神社では扱えない葬送の儀であった。

さらにこの時宗の寺・西蓮寺は「西市屋道場」とも言った。平安京の「東の市・西の市」（交易、商売の場。また折口信夫《おりくちしのぶ》が言うように、「市」は鎮魂の場《ニワ》でもある）の「西の市」に当たり、西の市の守護神は松尾大明神である。「東の市」の守護神は、通称・市姫《いちひめ》さん、海の女神・宗像三女神《むなかたさんじょしん》である。

西の市には松尾大明神と西蓮寺、東の市には市姫大明神と金光寺。時宗の祖・一遍は、空也上人の事業を継いだ人である。そしてその中で最も大切な仕事が、旅で亡くなった人を見付ければ、その場で供養し葬儀をすることであった。

空也の西光寺（かつての地蔵堂）は、鳥辺山の麓にあって、死者供養・死者鎮魂をする寺であった。松尾の神はその供養・鎮魂をする空也を見守っていた。

だからこそ、松尾大社に、死者供養・死者鎮魂をする鉢叩きの神「瓢《ふくべ》の神《しん》」が祀られていたのだ。

第三章　神となるための残酷と異形

宝福寺の「六十六部」の石碑。「天保十二丑年　六十六部回国惣墓　閏正月建之」と刻されている。

一　幻の宝福寺・南無地蔵――六十六部の墓

行基開基――無縁仏の供養

六波羅蜜寺のある轆轤町《ろくろちょう》を少し南東へゆくと小島町に入る。小島町にはかつて時宗の宝《ほう》福寺《ふくじ》という寺があって、鳥辺野の死者たちを供養する地蔵尊を祀っていた。その地蔵の名、「南無地蔵《なむじぞう》」という。しかし今は寺もないし、もちろん南無地蔵もいらっしゃらない。一説に南無地蔵はどの寺にも属さず、一人、鳥辺野を守っていたともいう。どちらが正しいのか。

「京を語る会」の田中緑紅《たなかりょっこう》氏の『緑紅叢書』二の四には、以下のように「南無地蔵」のことが書かれる。

「南無地蔵　東山区五条坂東大路東入北側
この辺は昔から鶴林《かくりん》と呼び葬場でありました。明治初年頃は白い梅林があり、その間に土饅頭が数知れずありました。ここに地蔵を安置し南無地蔵と云いました。ここへ天明の大火で焼死した人、維新の戦いに死んだ人、行路死者等の無縁の人々を埋めました。東山消防署新築の折、地下から遺骨が俵二百俵かに一杯になつたと云います。近年土から掘り出された石仏をここへ集め、地蔵塔が出来ています。歓喜《かんき》光寺《こうじ》の管理とかききます」

最後に「歓喜光寺の管理とかききます」とあるので、南無地蔵が時宗と深く関わっていたことは間違いない。歓喜光寺とは時宗の六条道場である。一遍の甥で『一遍聖絵《いっぺんひじりえ》』の作者・弥阿《みあ》上人聖戒《しょうかい》の寺である。歓喜光寺は時宗の総本山であってもいいはずだが、寺を持たぬ一遍であったから、その血脈を伝える寺と言っても、歓喜光寺は時宗教団の中心にいた訳ではない。あくまでも一道場であった。そして一遍の俗姓「河野《こうの》氏」を守るこの寺は、今は遠慮がちに洛中を去って山科《やましな》に行ってしまわれた。時宗の寺で今一番その形を整えているのは、建礼門院徳子《けんれいもんいんとくこ》と安徳《あんとく》天皇の母子伝承を語る東山の長楽寺《ちょうらくじ》である。宝福寺の跡地は今はその長楽寺管理となっていた。

『京都坊目誌』下京第二十一学区之部には「宝福寺」は以下のように記される。

「小島町百四十三番地にあり。（略）時宗四条派金蓮寺に属す。本尊地蔵菩薩を安置す」

『坊目誌』によれば、宝福寺は、歓喜光寺でもなく、長楽寺でもなく、京最大の勢力を誇っていた四条道場・金蓮寺《こんれんじ》の末寺であった。宝福寺は元々は行基の開基で、阿弥陀如来を本尊とし、死者を埋葬し、供養するために創られた。この時は、まだ時宗ではなかった。時宗の二祖、遊行《ゆぎょう》上人（他阿弥陀仏《たあみだぶつ》）が中興した折、阿弥陀如来を金蓮寺に移し、地蔵尊を本尊とした。ところが応仁の乱で寺は荒廃、かろうじて地蔵堂一宇のみが残り、その

扉写真の「六十六部」の石碑の隣に坐す仏さまは──阿弥陀さま、地蔵さま？　掃除され、お賽銭が供えられた。

地蔵尊を「南無地蔵」と称し、引き続き無縁の死者を葬り、廻向《えこう》したという。

どうも「葬地」鳥辺野を守る地蔵は一体ではなく、何体かあったようだ。

「南無地蔵」とはどういう地蔵であったのだろうか。六波羅蜜寺の「鬘掛《かずらか》け地蔵」の縁起は、こちらに坐《いま》した「南無地蔵」の正体をほんの少し教えてくれる。

貧しい娘の突然死した母の供養をしてくれた不思議の僧の正体は地蔵であった──というあの話。その「地蔵」の名に冠された「鬘掛け」の〝鬘〟の材料、髪の毛は、当時とても高価なものであった。だから娘は、不思議の僧に母の「かずら」すなわち「かもじ」をもらって頂いたのである。

「かもじ」は、今で言うウィッグで、髪にボリュームを持たせたり、長い髪に見せるために付け髪にしたりする、いわばお洒落用品――そんな貧しい母子のところに高級品の「かもじ」があるはずがない、と言いたいところだが、ここは鳥辺野、「かもじ」は死者からの頂戴もの。死した女人の髪の毛を頂いて、それを綺麗に梳《す》いて整え、美しい「かもじ」は作られた。これには技術がいる。職人の技がいる。この「かもじ」を作る技から「美容師」が生まれた。

何とか出会いたい「南無地蔵」の坐した幻の宝福寺。宝福寺の名残りを留めるものが存在していた。「六十六部の墓」である。かつて「南無地蔵」の堂宇があったそこに、六十六部の墓はささやかに祀られていた。江戸時代のもので、肥後《ひご》天草《あまくさ》から京へやって来て、もうどこへも行けず行き倒れた状態で宝福寺に駆け込んだと思われる「六十六部」の墓である。「天保十二丑年　六十六部回国惣墓　閏正月建之《うるうしょうがつこれをたつ》」の文字が刻されている。

六十六部殺し――殺されて「祝言者」となる

「六十六部」というのは、「日本全国六十六か国」の霊地に「法華経」を納め、神仏の功徳を仰ぐという旅の宗教者である。しかし旅をするうちに、その本来の目的を失って、ついには乞食《こつじき》となり、旅の途中で死ぬ者が続出した。多くは、病や罪を負うて、あるいは

向かって右、百万遍、西門前町の地蔵堂。小堂の右に「六十六部供養碑」。供養碑は宝福寺の墓とは違って、この地に根を下ろし布教した六十六部たちの存在を示す。

「食い詰めて」、自ら故郷を捨てて旅に出た者である。それで「いつ、どこで殺されても仕方のない存在」としてひどい扱いを受けた。しかし非業の死を遂げた者は神となる。彼らは「祝言者《しゅうげんしゃ》」で、「幸福」をもたらす者とも言われた。

洛中では、この伝承は失われたが、「上《かみ》京《ぎょう》」の文化を今に伝える若狭《わかさ》（福井県）では、かろうじて残されていた。小浜《おばま》市の金《かな》屋《や》という地区に田辺半左衛門家という大家があり、毎年、家の年中行事の一つとして「田辺講」なるものを催して来た。〝催す〟と言っても、親戚一同が会して「田《でん》楽《がく》」を食べるというもの。それだけで「講」は終わる。なぜ、その日「田楽」を食べるのかというと、

「昔々、田辺家に、六十六部がやって来た。やつれて今にも倒れそうであった。そして『何か食べるものを』と乞うた。田辺家の主は、六十六部を家にあげ、『田楽』でもてなした。六十六部さんは大変喜んで、『法華経』一巻を取り出し、『御礼でございます』と差し出した。その瞬間、田辺家の人々が、六十六部をあやめた。殺した。なぜ殺したかというと、『六十六部を殺すと、その家は富貴《ふうき》になる』という言い伝えがあったからである。

何とも切ない哀しい話であるが、田辺家では『六十六部殺し』を隠さない。逆に『田辺講』として、『六十六部さんがやって来た日、六十六部さんを殺した日』を忘れぬように、その日、一二月八日、六十六部さんにご馳走した『田楽』を一族みなで食して、今や〝神〟となって田辺家を守っている〝ゆきずりの六十六部〟をしのぶのである。因みにこの六十六部の神名《しんめい》は、隠岐島《おきのしま》からやって来たので『隠岐殿《おきどの》大明神』という。一二月八日、床の間にこの神名は軸装され、立派な掛け軸となって祀られる」

という哀話が田辺家の「家伝承」として伝えられてきたからである。

「殺されて神になる」というのは、まず殺されてタタリ神（怨霊）となり、次に鎮められて御霊となり、その鎮魂者の守護神となるという図式である。勝手なものである。いや、「殺される者」も承知している。

二　下京の「セイメイさん」――晴明社と稲荷神

消えた清円寺――消えた晴明社

六十六部の中には、不治の病を負って旅に出た者もいる。京にはこの不治の病を治す〝神〟がいた。

下京の「安倍晴明」を訪ねる。目指すは安倍晴明を祀るという「晴明社」とその社とともに在った「清円寺《せいえんじ》」というお寺である。

目印は旧新道小学校。今、その中にかつて建仁寺境内にあった「児童館」が移って来ている。遊び場あり、イベントありの、子どもたちの館。一〇〇年以上も前に建てられた小学校なので、外観はとてもレトロ。タイルの文様は今では殆《ほとん》どアート。京都には、こういう小学校がたくさんある。

新道小学校は明治二年（一八六九）に建てられた。新道通下柳町（現在の東山区大和大路通四条下ル四丁目小松町）に「下京第二十六番組小学校」として開校。京都の小学校は財力のある、いわゆる旦那衆たちの梃子《てこ》入れもあって、明治二年、一斉に建てられた。町内が一丸となって「我らが小学校」を建てたのである。もちろん、京都市の援助もあってのこと。

新道小学校は、河原町四条を東に入り、建仁寺《けんにんじ》の表通り（大和大路通）を南へ下《さが》り、西に恵美須神社を見て、さらにほんの少し下ると、通りに面してある。

その新道小学校の南の小道を西に入る。そこに「晴明社」と「清円寺」があったという。幕末から明治初期にかけての廃仏棄釈《はいぶつきしやく》の折、寺と社は切り離された。明治四年には、晴明社と清円寺で守っていた〝病院〟が失われた。神と仏に守られていた病院に入院していた患者さんたちは、故郷に帰る者、京に残る者、といった具合に分けられた。その中には帰る故郷がない人、京に住まうことが出来ない人もいた。

この悲劇は、人間だけでなく、神にも仏にも及んだ。清円寺の仏さま、阿弥陀三尊像は、一時ある寺の預かりとなっていた。現在は浄土宗西山深草派《せいざんふかくさ》の長仙院《ちようせんいん》に、御本尊として迎えられ、立派に祀られている。神の方はというと、これも不思議な縁で、主祭神・安倍晴明像は、蟬丸《せみまる》（延喜帝の四の宮）、妙法院《みようほういん》教円《きようえん》（説経の上手、第二八代天台座主《ざす》）という二体の木彫座像とともに、やはり長仙院に祀られている。かつての社名・寺名は失われたが、晴明社の〝神像〟と清円寺の仏像が昔のまま長仙院にご一緒にいらっしゃることは奇跡に近い。

ただ長仙院は、京のど真ん中、新京極通に面して建つ西山深草派の本山・誓願寺《せいがんじ》の塔頭《たつちゆう》

「月極駐車場」と書かれた広い敷地の奥に、南天の赤い実と朱の鳥居が見える。

なので、下京の新道小学校のあたりにあった当時の社と寺の様子をしのぶことは、むつかしい。

それで、「地霊」が頼りとなる。まずは、晴明社・清円寺の跡地を歩き、下町の雰囲気と霊気に触れ、病に苦しんだ人たちの声を聞き、離散した折の悲劇を知り、その心をもって、改めて都会の長仙院にお参りさせてもらうのがいいだろう。

その霊地、跡地を歩く。月極駐車場がある。その奥に赤い鳥居が見える。おそらく、この駐車場を経営されている方の屋敷神が祀られているのであろう。屋敷神は多く、稲荷明神を祀る。朱の鳥居はその証。確かめたくて、ご近所の方にお尋ねする。

「あの赤い鳥居は、お稲荷さんを祀っているのですか」

「いえ、私ら、セイメイさんと呼んでいます。ご利益《りやく》？　特に聞いていませんが、宮川《みやがわ》町《ちょう》（祇園、先斗町《ぽんとちょう》、上七軒《かみしちけん》などと並ぶ遊興の地）では、水商売の神さまとも言っています」

何と、「セイメイ」という名がフツーの人の口から出て来る。もちろん陰陽道の安倍晴明を知ってのことではない。「セイメイ」という音《オン》だけが、昔むかしから伝えられていて、「セイメイ」というのは神の名だと思っている。そして「セイメイ」という神さまを祀っている祠の存在も、ご近所さんはみなご存知なのである。

広いガレージの敷地の奥の方に鳥居は見えるが、私有地なので社にはお参りしたくとも出来ない。しかし、ここに「安倍晴明」は生きていた。晴明社は守られていた。それだけで十分である。と思って帰ろうとした時、

「松田さんのガレージの扉、閉まっていませんよ。お参り出来ますよ」

というご親切な言葉に促されて、他人の敷地内に侵入。祠は清潔。背の高い南天の樹が祠を花やかに彩っている。

お参りする。

荒辰大明神──晴明が祀った神？

木製の扇形の扁額《へんがく》に右から「荒辰大明神《あらたつ》」の文字、その大きな文字の最後に縦書きで、「御幸町近久《ごこまち》」の署名。そして中央に「正一位稲荷大明神」と木札が掲げられている。

やはり、ここはお稲荷さん。駐車場を経営する松田さんの屋敷神は稲荷大明神であった。その場所、「東山区宮川筋五丁目」。

松田家には「セイメイ」伝承が伝わっていた。『日出新聞《ひので》』（『京都新聞』の前身）の明治一八年（一八八五）一一月二七日の記事。ザーっとはこんな話。

「松田儀平という人の所有地に荒龍《あらたつ》神社という社があった。その『いわれ』はこうである。この社は稲荷社で、建てたのは、かの安倍晴明という。なぜ建立したかというと、晴明が不治の病に罹《かか》り、この地に庵室を建て養生した折、稲荷の神を社に祀って病気平癒を祈った。すると病はたちまち癒え、晴明は御礼にと、庵室を自分と同じ病を患う者の療養所とした。病の人たちはそこに集まり、普段は普通に働き、目出度い日、年末・年始、五節句には『祝言者』に変身、『ものよう～し』と各家を廻って〝もの〟を乞うた。それで彼らの職業名は『物吉《ものよし》』という。『物吉』が来ると、誰もその要求をこばめない。しかし明治五年（一八七二）、維新政府は彼らに『解散』を命じた。『みな自分の故郷に帰るよう

「荒辰大明神」とは？　「荒」は「新」でもあり、「あら」の音（オン）は「生（あ）れる」にも通じる。

に』。そして土地は『お上《かみ》』に取り上げられた。その後、理由はわからないが、その取り上げられた土地は、元の所有者の松田儀平に払い下げられた。儀平は晴明の信仰したお稲荷さんをその地に復活させた」

この話、繰り返しになるが、もう少し詳しく言うと、後冷泉天皇の永承年間（一〇四六〜一〇五三）、陰陽博士・安倍晴明が〝病〟にかかり「この地」に庵を建て養生した。その折、晴明は病気平癒祈願のため、神を迎え祀った。その神の名は「倉戸魂神《くらどのみたまのかみ》」（稲荷大明神の異称）、祀る祠の名は「荒龍社」。養生のおかげと神のご威光で、晴明の病は癒えた。そこで、祠を荘厳《しょうごん》して立派な社殿を建てた。そして病室として用いた庵室を保存し、同じ病で苦しむ人たちを保護する施設とした。ところが神仏分離で、先の事態となる。当然、社は荒廃する。

それで、ここからがほとんど知られていない話なのだが、松田儀平という人が、お上が取り上げた土地を払い下げてもらい、かつてのような大社とはいかないが、晴明の病を治した「荒龍神」を「荒辰大明神」として祀り続けたという。その社再興に向けての協議に、「角力頭取　華の峯善吉」「大関　小柳常吉」等が、京都府庁への出願に参加している。なぜ相撲取りが。相撲取りには呪力があると信ぜられていた。彼らは地霊鎮魂のために、〝ここ〟で「四股《しこ》」を踏んだのであろうか。

新道小学校へ戻る。建仁寺の南の土塀が見える。

庶民信仰は「セイメイ」さんを残していた。ただ、この「セイメイ」さんを知る人も、あと五年もすればいなくなるだろう。また「荒辰大明神」も、あと何年〝ここ〟にあり続けるのだろう。

あと五年、そう思う。五年後〝ここ〟に来たら、新道小学校も、松田さんのガレージも、荒辰大明神も失われているのではないか。しかし長仙院《ちようせんいん》がある。そして何より、建仁寺、我らが「けんねんさん」は、その主・栄西とともに存在し続ける。

三　稲荷大社と東寺――もう一つの「稲荷縁起」「因幡堂縁起」

秦氏のイナリ、荷田氏のイナリ――二階堂の柴守長者

お稲荷さんは庶民の神の代表格である。そして誰とでも仲がいい。セイメイさんとだって仲が良かった。上京の晴明神社に祀られる「セイメイさん」が明治の混乱期を生き延びたのは、晴明を稲荷としたからである。「セイメイ」という神ではいけなかった。それで斎稲荷大明神《いつき》という名にして生き延びたのである。今、斎稲荷大明神は、晴明神社の末社として祀られている。

平安京以前、京の中心の地には、大寺院はなかった。ただ二つ、小さな御堂があった。一つは観音さまを祀り、一つはお薬師さまを祀っていた。今もある。六角堂《ろっかくどう》と因幡堂《いなばどう》である。ここは昔も今も庶民の憩う場で、御本尊の観音さまも、お薬師さまも昔と少しもお変わりなくそこにいらっしゃる。

神々は自由気ままに都の中（洛中）に入られたが、仏さまは大きな寺院が必要だったのか、その分、都にお入りになるのが遅れた。

六角堂は、聖徳太子の奇瑞によって建立された。因幡堂は、平安前期の官僚・在原行平《ありわらのゆきひら》

（八一八〜八九三）と同時代の人で、橘氏の本流にあった橘《たちばなの》行平《ゆきひら》によって、自邸に薬師如来を祀ることから始まった。その縁起は異なるが、ともに仏さま、観音・薬師を祀りつつ、神さまとも仲が良かった。六角堂にも因幡堂にも小祠ではあるが、今も神々がたくさん祀られている。

そして因幡堂は、じつは、稲荷大明神を祀る社・伏見《ふしみ》稲荷大社と大いに関係している。このことはあまり知られていない。近藤喜博《こんどうよしひろ》が『稲荷信仰』（一九七八年、塙新書五二）で詳しく展開している。

因幡堂と稲荷の関係を紹介する前に、伏見稲荷大社の成立を見ておこう。ここはかなりややこしい。その複雑さは、秦氏系と荷田《かだ》氏系の二つの縁起があるからである。私たちは「おイナリさん」と言えば、先述の『風土記』に載る「餅の的」の縁起を思い出す。秦伊侶具《はたのいろぐ》という者が、餅を的に矢を射ると、餅は白鳥《しらとり》と化して、今の稲荷山に飛んでゆき、稲を生やした。その奇瑞をもって伊侶具はその地に〝神〟を祀った。その社が今の稲荷大社である、と。この縁起からすると稲荷大社は、秦氏の神を祀る社ということになる。

もう一つ荷田氏（あの国学者・荷田春満《かだのあずままろ》を出した氏）の縁起がある。荷田氏は渡来系の秦氏に対して、この里に土着していた氏族である。その荷田氏の「稲荷縁起」（『稲荷大社由緒記集成　信仰著作篇』所収）は大体、以下のようなものである。

紀州より空海を訪ねて来た異相の翁と二人の女、二人の童子。傍に稲束が描かれている。『弘法大師行状絵詞』巻八段三。

一人の翁がいた。丈《たけ》八尺（約二・四メートル）という異形である。この翁の出身についてはいろいろ言われるが、一つの説を採るとしたら、紀州の人である。この翁、二人の女と二人の童子を連れて、稲束を天秤棒に掛け、それを担って、東寺にやって来た。空海、弘法大師に会うためである。実は、この翁と大師は、紀州の九《く》十九王子《じゅうくおうじ》の一つ、稲葉根《いなばね》王子ですでに出会っていた。その折、翁は「あなたの守護神となりましょう」と約束した。翁の御正体《みしょうたい》は稲葉根王子に祀られる神・稲荷大明神であった。そして、約束を守るために、翁はなぜか稲を担いで、手に杉の葉を持って、空海の住む東寺にやって来たのである。空海は感激し、もてなし、宿を用意した。宿は「八条の二階の室」、二階堂《にかいどう》という所である。その後、東寺の杣山《そまやま》に、翁、即ち稲荷大明神をお祀りした。

餅の的の縁起も奇妙と言えば奇妙だが、秦氏のメルヘンチックな縁起と比べると、荷田氏の縁起の方は、空海との関係、紀州との関係等々、かなり具体的である。老翁の宿となった「八条の二階の室」というのは、「八条二階堂御旅所」として今も稲荷大社と関係深い地である。

『都名所図会』巻二には「二階の室」がどういう所かも含めて、少し違う縁起が書かれる。

まず翁であるが、名があった。「柴守長者《しばもり》」という。おそらく稲を荷《にな》った姿が柴を刈って山を降りて来る仙人《そまびと》に似ていたので、「柴守」と呼ばれたのであろう。また、この翁は紀州から、わざわざ空海を訪ねて来たのではなく、その時は都八条に住んでいた。しかも最初に空海と出会ったのは、紀州ではなく九州の筑紫《つくし》である。その時に、名を明かしている。先の縁起では初めから「私は稲荷大明神ですよ」と言っているが、こちらの縁起では「八条に住んでいる柴守長者ですよ」と言って、その御正体、〝神〟とは明かしていない。

しかし空海はその老人を〝神〟と見抜いたのであろう。空海は老人に、「都に戻ったならば、私の守護神となってほしい」と言い、老人は快く承知し、二人は再会の〝約束〟をする。その後、空海が東寺の住職となった年、弘仁一四年（八二三）、老人は空海を訪ねて

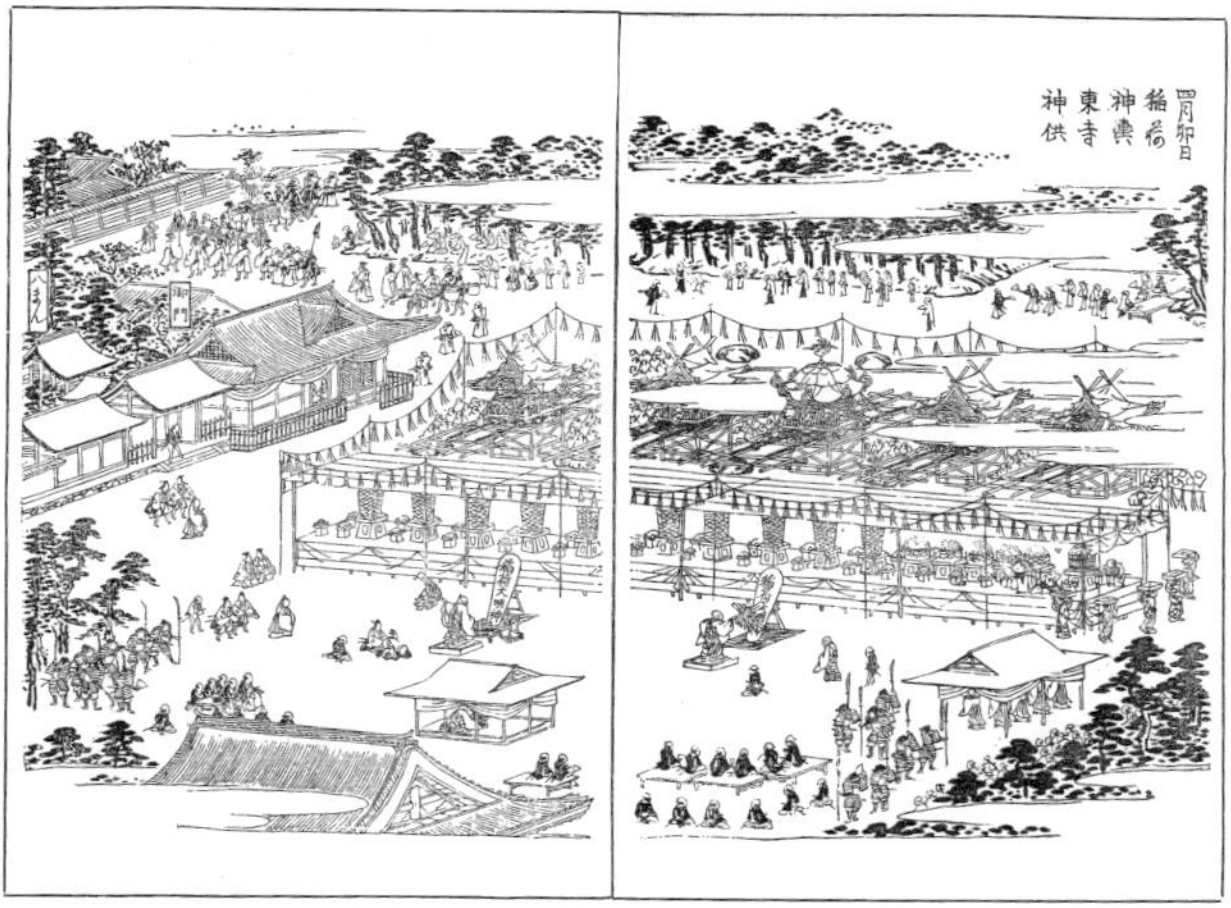

稲荷祭の日の東寺金堂（『都名所図会拾遺』巻一）。五社の神輿には、豪華な供物が奉られる。そして僧により祈禱。

東寺にやって来た。空海は喜んで老人を色々にもてなし、都の巽《たつみ》にある霊山に、祀った。この霊山が稲荷山であり、翁が住んでいた「都八条」は稲荷の御旅所となった。

ところで二階堂はどういう所なのか。空海が、観音さまを祀るために建立した御堂が二階堂で、後に古御旅所と呼ばれるようになった所である。現在の地名は「境内町《けいないちょう》」。空海は東寺の住職になると同時に二階堂を建て、観音を祀っている。どうも空海と柴守長者は同時に動いている。九州で出会ったその〝時〟から二人は合体している。空海が東寺の住職になり、老人は空海の守護神になる、その証が「二階堂の観音さま」の存在なのだ。この観音さま、現存する。泉涌寺《せんにゅうじ》（御寺《みてら》）の塔頭《たっちゅう》・善能寺《ぜんのうじ》に坐《いま》す。

さらに、『堀河之水《ほりかわのみず》』（一六九四）「稲荷旅社《いなりのたびのやしろ》」に興味深いことが書かれている。弘法大師（空海）がしばらく「柴守長者」の住む二階堂に宿ったというのだ。しばらくというのは「二〇日間」。それから空海は老人を「いなり山にうつらせ給ふ」とある。

この「二〇日間」、空海は柴守長者とともにいたのである。これはとても意味のある〝数〟で、稲荷の神輿が御旅所で過ごす期間が「二〇日間」なのである。つまりこの「二〇日間」は、空海が二階堂に宿った期間から来ている。

その二階堂の現在地・境内町は、東寺の北東、歩いて二〇分ぐらいの所にある。「二階堂」の在った地を私たちは確認出来る。南区猪熊通八条上ル一丁目西入ル。空海と柴守長者が二〇日も一緒に過ごした、その場所へ今も行くことが出来る。ただ、境内町にはＪＲの線路が敷かれている。

因幡堂の呪力――岩田河の〝首〟

荷田氏の縁起は、辻褄の合わないところが多々あるが、各々に意味があり、縁起の裏に隠された「イナリの神」の正体が見えてくる。

荷田氏の縁起では、稲荷大明神の御正体は、稲を荷《にな》った翁である。「〝稲〟を荷った」ので、「稲荷」の表記が生まれたという神名由来になっている。秦氏の縁起の方は、〃その〃地に稲が成ったので、そこを「稲成り」→「イナリ」と呼んだという地名由来であった。

ここからが因幡堂との関わりになるのだが、近藤喜博は、因幡堂は古くは「稲葉堂」「稲羽堂」と書いたのであろうと言う。つまり「稲」の字を冠した御堂であったとする。確かに因幡国は『風土記』では、「稲葉国」と書かれる（『古事記』では「稲羽」、『日本書紀』は「因幡」、『旧事記《くじき》』では「稲葉」）。

荷田氏の「縁起」の翁はなぜ〃稲〃を荷って来たのか。その理由を近藤は、イネという植物が特別な植物であるからという。イネの葉は単子葉で、葉脈が縦に流れる。近藤はイネの葉は、魔除けの植物・ショウブ（菖蒲）の葉に似ているという。熊野信仰の神樹・ナギ（梛）も、葉脈が縦に走るので、その不思議をもって、熊野の神の樹となった。

近藤は、因幡堂で起こる数々の奇瑞は、その名、〃稲〃に負うているのではないかと言う。

その稲葉堂の奇瑞――「因幡堂縁起」に書かれる話に気になるものがある。

ある時、後白河《ごしらかわ》法皇がひどい頭痛に陥った。祈禱を受けるために、熊野（本宮）に参った。證誠殿《しょうじょうでん》にお籠もりしていると、夢に熊野の神が出《い》でまし、「その病、私に治せないことはないが、洛中に私より優れた天竺《てんじく》の医師がいる」とのご託宣。天皇は早速京に戻り、その名医はどこにいるのかと探すと、じつは「烏丸《からすま》因幡堂」の御本尊・薬師如来が、その名医ということであった。それで、天皇は七日間、因幡堂にお籠もりする。そこでまた夢を見る。御厨子《みずし》より老僧が現われ、「あなたは前世では熊野に住む蓮華房《れんげぼう》という者であった。理由《わけ》あって、その首が紀州の岩田河に沈んでいる。それで病になった。その首を取り出し、香水《こうずい》を手でその頭蓋骨に塗りなさい」と言って姿を消した。老僧の言う通りにすると天皇の頭痛はたちまち癒えた。

この奇瑞をもって後白河法皇は前世の名を冠した御寺・蓮華王院《れんげおういん》を建立したという。蓮華王院とはあの三十三間堂のことである。

「因幡堂縁起」の奇瑞譚に、紀州、岩田河が出て来る不思議。この岩田川の北側に、石《いわ》田《た》御所があった。熊野御幸の天皇は、ここを宿とした。そしてそこに祀られる岩田神社の本殿こそが、元の稲葉根王子であった。稲荷神は稲葉根王子の御本地とも言われ、稲葉根王子には、御神体として稲荷像が祀られていた可能性があるという。そう、稲荷神と因幡堂はここで繋がるのである。

後白河法皇の病を治したのは、縁起に添えば、「岩田河に、首が沈んでいるよ」と教えた老人ということになる。この老人こそ稲荷大明神であった。とすれば、因幡堂のどこかに稲荷大明神は坐すのではないか。

四　因幡堂の「荼枳尼天」——龍頭太と炭焼藤太

妖怪・龍頭太——荷田氏の御先祖神

伏見稲荷大社にはもう一柱、神がいらっしゃる。その神は『稲荷大明神流記《いなりだいみょうじんるき》』にも「縁起」類にも出て来る。名を「龍頭太《りゅうとうた》」という。その御顔は龍の如くで、しかも頭上から光を発していた。それで「龍頭」太という神名が付けられた。

まるで妖怪のようなこの神、しかし昼は田を耕し、夜は薪を割りと、里人とちっとも変わらぬ暮らしぶりであった。しかも〝姓〟があった。荷田《かだ》という。つまり、龍頭太も「柴守長者」と同じく、この地の古い豪族であった荷田氏の祖先神であるというのだ。荷田の〝荷〟は、「柴守長者」と同じく稲荷大明神の「荷」である。稲を荷《にな》ったことによって付いた〝名〟である。じゃあ、稲荷大明神と龍頭太は同一人物、いや同一神？

妖怪・龍頭太は、〝山〟で修行する弘法大師空海との出会いも果たしている。修行する空海のところにやって来た妖怪は、奇妙なことを言う。「私はこの山の神です」と。「この山の神」というなら、稲荷大明神に違いない。

それもその面貌を別にすれば、龍頭太は、稲荷大明神とまったくそっくりな神である。「空海の守護神となりましょう」というところまでそっくりなのである。荷田氏は自らの祖神として、なぜ、一柱でいいところ、もう一柱、異形の「稲荷神」を作ったのだろう。

その辺はよくわからない。一柱だけでよかったのに、直接の先祖として、わざわざ妖怪のような神を作り上げなくてもよかったのに。ただ空海は、この神の御神徳を尊び、「その御顔」を写して「御神体」を作っている。そして稲荷山の上の社と中の社の間の山中の御《ご》膳谷《ぜんだに》という所に社殿を造って祀った。その社の名は荷田の社という。御神体の御顔はどうも竈《かまど》の神のようである。竈の神は火の神で、全国共通で醜く作る。なぜ醜くするのか――醜いということが、〝力〟であった、神の証であった――この神の顔を想像するに、ヒョットコであろう。ヒョットコは顔が歪んでいる。口が飛び出ている。あの御顔は火吹き竹で、一所懸命、火を起こしている様子を表わしている。ヒョットコは「火男」の転である。

龍頭太は、火の神として社の火処「竈殿」に祀られた。つまり龍頭太は稲荷大明神の神格の一つ、金属神の方を受け持ったのであろう。龍頭太が金属神ならば、いろいろな謎が解ける。『流記』では龍頭太は翁とあるが、農耕の神・稲荷大明神が翁であるのに対し、火の神、金属神「龍頭太」は童子であったのではないか。

翁と童子の組み合わせは後に述べる八幡神と同じ構図になる。神というものはなぜか「翁と童子」の二つの姿を持っている。「翁」と「童子」は一体なのである。

それにしても「龍頭太」の異形は何を表わすのか。この奇妙な名は何を語ろうとしているのか。「龍頭太」の「頭太」、「トウタ」は「藤太」ではないか。藤太はあの「炭焼小五《すみやきこご》郎譚《ろうたん》」の小五郎のもう一つの名である。

「炭焼小五郎譚」とは、どういうカタリか。ザーっと触れておこう。

昔むかし、若い男が一人、山で暮らしていた。彼の職業は炭焼きである。だから山に入ったのである。家族がいる訳でもないので、山でのんびり一人暮らし。炭が出来れば里に降り、それを売って、米を買い、なんでもない日常を淡々と送っていた。男はそれで何の不満もなかった。そんな男に事件が起きる。

ある日、若い女が訪ねて来た。そして唐突に「嫁にしてくれ」と言う。若い男は驚く。当然だ。それで女人にその理由を聞く。女人は都の尊い身分の姫であった。この姫、観音に帰依し、毎日、毎日、観音を拝して暮らしていた。そんな時、姫は観音のお告げを得る。「都からは遠いあの山に、若い男が一人で暮らしている。あの男の妻になりなさい」と。姫は、その観音のお告げのままに、一人、旅に出て、やっとの思いで男の許へ。そして押し掛け女房。男もまんざらでもない。

二人は夫婦になった。一人でも結構幸福であったが、気立ての良い姫との暮らしは、男にとって、この上なく楽しいものであった。ただ、男は貧しい。炭を焼いて里で売っても、買える米はほんの少し、とても夫婦豊かに暮らすことなど出来なかった。それでも男は少しでも多く炭を作り、少しでも多く換金しようと、頑張った。そして妻に、「これから里に降りて米を買って来る」と言うと、姫は、「それなら、お金がいりますでしょう。これを持って行って下さい」と、男に小判を渡す。男は笑う。「そんなもんやったら、俺の炭焼小屋に山ほどある。

と、まあ、大体はこんなオハナシ。つまり、男は炭を焼いていたが、その〝火〟は火床の下に埋まっていた鉱石・金属を自然に精錬していて、黄金を生み出していたのである。炭焼きの男にしてみれば、炭は大事だが、炭と一緒に生まれた〝金《きん》〟などは無用なもので、小屋の隅に堆《うずたか》く積んだままにしていたのである。姫の登場で、炭焼きの男は〝金〟の値打ちを知り、たちまちに長者になった。そして夫婦は末長く幸せに暮らした。

この炭焼き男の名が「藤太」というのである。

稲荷大明神の神格の一つを、この「龍頭太」が負っている。だから荷田氏はこの縁起を恥じることなく語り続けた。

ところで、稲荷大明神の神使はなぜキツネなのだろう。

「キツネは、何と鳴きます？」

「『コン、コン』と鳴きます」

このキツネの鳴き声「コン」は〝金〟の音《オン》〝コン〟へ通ずる。実際には、キツネの鳴き声は「コン」ではないが、「コン」と鳴かせたのはキツネの御正体が金属神ということを暗示するためである。

人の生死を司る——狐が受け負った神性

稲荷大社のキツネのご先祖は、ある「縁起」では、京の北部にある「船岡山《ふなおかやま》」の夫婦の老狐であるという。その老いた狐の夫婦が稲荷山にやって来て、「私どもは長い間生きてきました。それゆえ、霊智を得ています。しかし我らには仕える神がいない。我らが仕える神は稲荷大明神であると確信して、ここへやって参りました。どうぞ眷属《けんぞく》にして下さい。必ずや大明神のために神威を発揮致しましょう」と言ったという。稲荷大明神はその言葉を聞いて、いたく感動し、夫狐は上社に、婦狐は下社に奉仕させたという（『稲荷大明神流記』）。

この老狐が「船岡山」に住んでいたというのが、怪しい。船岡山は鳥辺野と同じく葬送

因幡堂。手を合わせる。ふと鰐口（わにぐち）を見上げると、何とそこに、ミニチュアのお薬師さま。

の地であり、祇園御霊会と同じく死者を鎮魂・供養する紫野御霊会《むらさきのごりょうえ》（現在のやすらい祭）の地だ。船岡山という葬地に住する老狐は、人の生死と関わる存在である。

いろいろの疑問を抱えて因幡堂、「稲葉堂」へ参る。

「こちらに、おイナリさんは祀られていましたか」

「ええ、稲荷社と、それと荼枳尼天《だきにてん》を祀る小堂がありました。社も堂も失われましたが、荼枳尼天さんは、今、お戻りになってここにいますよ」

「稲葉堂」にいる荼枳尼天。これこそ稲葉の神の御正体《みしょうたい》ではないか。その容姿——福々しい。「元和弐《げんな》（丙辰《ひのえたつ》）年九月吉日幸意敬白」の書き付けを持っていらっしゃる。荼枳尼天の本性は「人の死を六ヵ月前に知り、その心臓を取って食らう」鬼神ということになっている。

しかし、日本の古い信仰・修験道《しゅげんどう》では荼枳尼天を福神として崇める。そしてその神は、必ずキツネに乗っていらっしゃる。福神ゆえ、七福神の女神・弁財天女とも習合する。「稲葉堂」の荼枳尼天は正にこの福神であった。

因幡堂の御本尊・薬師如来は、病を治した。その呪力を支えたのが、稲葉根明神・稲荷神であった。そのことを考えれば〝女神〟の乗る愛らしい白い狐もまた病を治す呪力を持っているのではないか。

吉水稲荷大明神。因幡堂を南へ一筋下がると、西に出現。かつてこの神は、稲荷社の並びの呉服問屋で守られていたが、その商家が他地へ移られたため、吉水町でお守りすることになった。それで名も吉水稲荷。隣の俊成町の方たち、数軒も氏子である。祭礼は、11月25日前後の日曜日。お火焚き祭が行われる。

こんな話が京に伝わる。

道元禅師が宋《そう》で修行していた時、病に陥った。そこに稲荷神が現われて、〝丸薬〟を道元に与えた。道元、その丸薬を飲む。するとたちまちに病、癒え、修行を続けたという。この話は道元の曹洞宗《そうとうしゅう》で大切に守られてきた。それで曹洞宗の総本山・永平寺《えいへいじ》には稲荷明神が祀られている。

上京区新町通寺之内上ル道正町《どうしょうちょう》の木下家に祀られる稲荷は、この道元を助けた稲荷である。「道正稲荷」とも「日東稲荷」ともいう。木下家に伝わる話は先の巷説より、より詳しい。木下家の御先祖の木下道正が、道元に従って宋に渡った。道元が病に罹った時、道正は忽然《こつぜん》と現われた「イナリ」神、御正体白狐より、秘薬の製造法を授かった。道正、早速に神に教えてもらった通りの方法で薬を作る。その薬で道元の病が治ったので、帰朝後、道正はその秘薬を製し、「解毒万病圓《げどくまんびょうえん》」と名付けて売り出し、薬種商になったという。

木下家敷地内に祀られる稲荷の社・日東稲荷は立派である。

「因幡堂は稲葉堂で、必ずやイナリが祀られているはず」と言った近藤喜博の情熱を杖として、この一文を書き始めたが、確かに、イナリは因幡堂にいらっしゃった。だから私は、秘仏「茶枳尼天」と出会ってしまったのだ。その御姿を拝してしまったのだ。ただこの女神さま、やっぱり「見てはなりませぬ」。

この因縁――セイメイさんが繙いたイナリの物語が教えてくれた〝もの〟。イナリとは、〝神〟を超えて、神仏を映す呪的存在であった。そしてその異形は――。

近藤は、因幡を稲葉と見た一番の根拠をイネという植物の呪性に置いた。イネの神秘は稲荷大明神の「験《しるし》の杉」の神秘へと続く。空海に会いに行った稲荷大明神は肩にイネを荷っていたが、手には、依代《よりしろ》のスギを持っていた。このスギも含めて〝植物〟からイナリの異形に迫るのは最も正統な方法である。イネもスギも呪物である。

――・つけたり①

謡曲『龍頭』では、龍頭太の御正体は、上賀茂神社の主祭神・別雷神《わけいかずちのかみ》とある。また「荷田講式」では、荷田の社の神は、龍頭太ではなく、同じく荷田氏の祖であるが、妖怪ではなく人とある。その人の名は、稲荷社祠官・荷大夫《かだゆう》という。

――・つけたり②

失われた宝福寺、ただ幻の地蔵堂は復活していた。平成三〇年（二〇一八）、地蔵堂が約四〇年振りに再建され、「南無地蔵」も東山長楽寺からお戻りになっていた。六十六部の墓は、その地蔵堂の傍らに清浄に祀られていた。

――・つけたり③

「二階堂の観音さま」が現在坐す善能寺の縁起は、「当寺は泉涌寺の塔頭で弘仁十四年（八二三）、弘法大師の開基とされ、境内には日本最初の稲荷大明神が祀られています」と言う。とすれば、稲荷大明神は〝ここ〟にまずはやって来た、ということか。本尊・聖観世音菩薩は平安時代作の木造立像。「弘仁十四年」は空海が東寺住職になった年。

第四章　えびす・イナリ・ハチマンとキツネ

博多町が祀る祠の傍に、もう一柱“神”が祀られている。ここは建仁寺の正門入口入ってすぐの右手。仏が神を守っている。

一　けんねんさん――建仁寺が守ったもの

建仁寺栄西――神の子、神を祀る人

建仁寺を「けんにんじ」と読むと、この寺は立派になる。日本臨済宗千光《せんこう》派の祖・栄西《えいさい》千光国師《せんこうこくし》を開祖とする京で最初の禅寺である。建仁二年（一二〇二）に造営されたので、この寺名がある。

しかし建仁寺界隈に住む人たちは、決してこの大寺を「けんにんじ」とは呼ばない。「けんねんさん」と親しみを籠めて呼ぶ。かつて、けんねんさんの庭は子供たちの遊び場であった。今はあまり子供たちの姿を見なくなったが、『京のわる口』を書いた小説家の秦恒平《はたこうへい》氏は、この京の下町で育ったことが、自慢であった。

下町――すぐそこに、祇園や宮川町を抱えるこの界隈――色街――いかにも京都。しかし、そう気取った感じも、気負った感じもなく、町の気配は猥雑で、コケティッシュで子供たちの喜びそうな迷路（図子・路地）がいっぱい――大人だって「迷い子」になりそう。

だいたい、「けんねんさん」に参る人は栄西さんを「頼りになる隣のおじさん」ぐらいに見ている。一般に伝えられる栄西の出自は、備中《びっちゅう》国（岡山県）の吉備津《きびつ》神社の社家の出

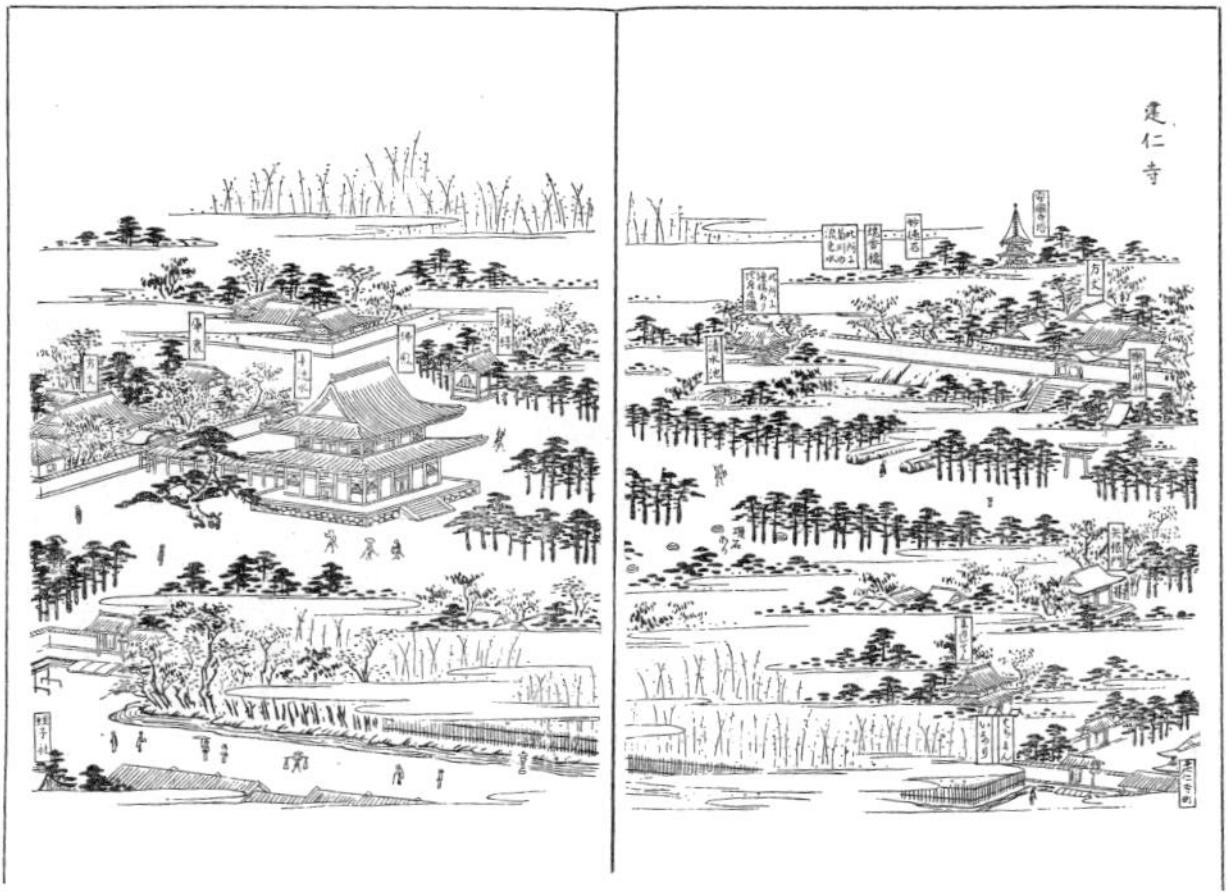

建仁寺。『都名所図会』巻二。大寺である。右手に祀られる「楽大明神」が、即ち栄西の母が祈った神・明星神の坐す所。現在の明星堂。

である。賀陽《かや》氏という名のある氏族の出身である。ただこれも、栄西さんの奇跡の誕生物語の前では、大した意味を持たない。その奇跡とはこんな話である。

建仁寺の塔頭に明星堂（楽神廟《らくじんびょう》）がある。本尊、明星尊。尊と言いつつ、「明星堂は建仁寺の鎮守（神）」と言う。そして、「栄西の母、此神《このかみ》を祈りて栄西を生む」とある。それで栄西は明星神の申し子という。また「吉備津宮の第三神・楽御《らくご》前《ぜん》」に祈って授かった子ともいう。栄西は生まれる前から神と仲が良かった。

もう一つ、栄西と神が仲良しという有名な伝承がある。栄西が宋に渡った。そして学び、帰途に着く。その折、海が荒

境内から恵美須神社の鳥居を見る。荒波と「丸に三つ柏」の神紋が見える。

れた。船は沈みかける。その時、神が現われ、暴風雨を収め、栄西を助けた。この神の名、夷神《えびす》という。それで栄西は、建仁寺境内に、夷神の社を建て祀った。しかし明治の神仏分離で「夷社」は境内を出た。この「夷社」、今は名も嘉字《かじ》に改めて「恵美須神社」とし、境外に出たといっても建仁寺に寄り添うようにある。一名「建仁寺えびす」。

私たちのよく知る「夷信仰」の夷神は、西宮《にしのみや》神社（兵庫県）に坐《いま》す。記紀神話に登場する「蛭子《エビス》」を祀る社である。「蛭子」はヒルコとも読む。赤子の神である。記紀神話のイザナギ・イザナミの初生児（一説に第三子）である。ヒルコは生まれて三年経っても足立たず、両親に

建仁寺の鎮守社・恵美須神社。拝殿向かって左に「高島屋」、右に「大丸」の提灯。

捨てられた。海に棄《す》てられた。その子が龍宮の龍神に助けられ育てられ、「夷三郎」の名を頂いて、西宮に神として祀られた。全国に分布する「えびす神社」は、多くこの西宮神社から御分霊を頂いてお祀りしている。

「建仁寺えびす」は、航海安全と漁師たちの豊漁祈願の神である。「建仁寺えびす」の御分霊を祀る小社が京都府舞鶴《まいづる》市にある。舞鶴の漁師さんたちが大切に守っている。こちらの「建仁寺えびす」は「旅夷《たびえびす》」の異称を持つ。海上ばかりでなく、陸上の旅の安全も守って下さる神である。

また「建仁寺えびす」は、京ではバーゲンセールの神である。呉服商が、年末に在庫品を一掃するためにバーゲンセールをする。このバーゲンセールの場が「建仁寺えびす」の恵美須神社であった（後に、祇園社の御旅所・四条「冠者殿《かじやでん》」に移るが）。それで、今でも呉服商の信仰が厚い。呉服商から出発した京の二大百貨店、高島屋《たかしまや》さんも大丸《だいまる》さんも、こちらを信仰している。

博多町という名——エーサイ、エーサイ

建仁寺の塔頭に両足院《りようそくいん》がある。かつての御住職・伊藤東慎《いとうとうしん》師は博学で、どんな質問にも答えて下さった。両足院にはいろいろなお宝があった。その中でも一番と言えるのが、栄西の極彩色の頂相《ちんぞう》である。掛け軸に仕立てられた立派なものである。その描き方は、禅宗の頂相の型であるのだが、お顔が異様である。頭が四角い。そして額が顔の三分の一ほどの面積を占めている。大頭で、四角い。これが〝神〟の御顔というものか。他にも栄西の頂相、肖像画はたくさんあるが、やはり頭を大きく四角く描いている。木像も同じである。奇跡の人・栄西にふさわしい御顔である。

栄西が直接関わった奇跡、庶民信仰はたくさんある。建仁寺には二つの鐘があるが、その一つ、大鐘にまつわるお話。

昔むかし、源 融《みなもとのとおる》という公卿が六条河原に建てた河原院《かわらのいん》の鐘が、河原院の荒廃ととも

博多町が、建仁寺境内で祀る祠。「博多　町内安全」と刻されている。
祀られている神の名は「力者神」？

に、鴨川に沈んだ。栄西は、この鐘を引き上げて建仁寺にもたらしたいと思った。力自慢の力者《りきしゃ》即ち人夫たちが、一所懸命、鐘を引き上げようとするが、鐘は微動だにしない。そこで栄西、「私の名を称《とな》えよ」と言う。人夫たち、「エーサイ、エーサイ」と大声で師の名を称えた。すると、鐘はたちまち動いて、無事、建仁寺に納まった。栄西の呪力。この「エーサイ、エーサイ」という掛け声が、今言う「エッサ、エッサ」の語源という。呪語によって引き上げられた河原院の鐘は「陀羅《だら》尼鐘《にのかね》」と呼ばれて尊ばれた。

もう一つ。建仁寺の前には火葬場があった。「火屋《ひや》」という。この辺、東山一帯が葬送の地であるのだから、ここに「火屋」があっても少しも不思議ではない。

建仁寺とは、そういう寺なのだ。栄西とはそういう人なのだ。先ほどの鐘を引き上げた人夫の話も、この「火屋」と関わるものである。人夫たちは「火屋」建設のために、遠く九州の博多から呼び寄せられた人たちであったという。それで、今でもこの界隈に博多町の町名が残る。一説に、「火屋」を作ったのだから「墓場」の音《オン》が訛って「ハカバ」町↓博多町になったともいう。

栄西の持つ奇跡の話は、建仁寺を不思議の寺に育ててゆく。栄西は、〝ここ〟では決して高僧ではない。一つに行基・空也に連なる火葬を司る人々の流れにあった。

人夫たちは栄西の時代には、すでに建仁寺界隈に居住していたのだから、よほどに栄西と深く関わってきた人たちなのだろう。人夫すなわち力者（本来はリキノモノと発音していた。それで「力の者」とも書いた）は、単に力持ち、力仕事をする人を言う言葉ではない。「エーサイ、エーサイ」と呪言を称えた人夫すなわち「力の者」は一言でいえば「神と人との間を繋ぐ者」すなわち「憑人《よりまし》」であった。ただ「力の者」は「憑人」という職に留まらず、その名の「力」にこだわった。「力士」はその代表である。

栄西は庶民信仰を守る僧であった。少なくとも京都の下京の「建仁寺栄西」は、そうであった。下京の晴明さんが、そうであったように。

二　流されえびす――蛭子から恵美須へ

トントン、えびすさま！　――姿を現わす神

えびすさまは耳が遠いという。

それでえびすさまにお参りする時には、まず大きな音を立てる。庶民の「えべっさん」は、海辺にたくさん祀られている。小さな祠さえもなく、丸石がそのまま置かれている所もある。その傍に魚板《まないた》状の板があり、その上に木槌《きづち》が乗せられている。木槌で、その板を叩く。トントントンと叩く。するとえびすさまは人の気配を察して、こちらの話を聞いて

下さる。

えびすさまはなぜ、耳が遠いのか。ヒルコ（蛭子）は三年、足立たぬ子であった。それで流された。その折に耳を痛めたのであろうか。えびすはじつは福神ではなく「タタリ神」である。コワーイ顔のえびすさまもたくさん坐《いま》す。「タタリ神」になった理由は「ヒルコ」にあろう。親に棄てられ、海に流されたのだから「タタ」らぬはずがない。しかし今は「福の神」として「大黒さん」とご一緒に祀られる。

このえびすさまのタタリ神から福の神への変身は室町時代のことである。タタリ神が福神となるのは、庶民の力による。庶民は逞《たくま》しい。「タタるならその神さんを祀って、我らが守護神にしよう」と考える。タタリ神の力を信じているから、フツーの神にはないより強い力をタタリ神から得るのである。

ところで恵美須神社の御神体（御神像）は、栄西刻というが、どんなものであろう。栄西の刻したえびす神のお顔が見たい。しかし、恵美須神社の御神像は御本殿奥の奥に秘されたまま、開扉《かいひ》はない。

ただ、私たちはえびすさまの御顔をよく知っている。風折烏帽子《かざおりえぼし》、あるいは立《たて》烏帽子を被り、左手に鯛、右手に釣竿を持つ御姿で、多くは岩上に腰掛けている。社に坐す神像は仏像と違ってあまり拝する機会はない。えびす神も同じ。ただ京都市左

夷川恵比須神。若王子のえびすさまは、毎日、御顔を見せて下さる。ありがたい、ありがたい。

若王子神社の入口に生（お）う古木、目印のナギの樹。石橋を渡ると恵比須社が目の前に。現在、ナギはお手入れ中。

京区の若王子《にゃくおうじ》神社では、「恵比須大神」をいつでも拝することが出来る。「若王子のえびすさま」は室町時代の寄木造で、それはそれは立派なりっぱなえびすさまである。若王子神社は京の三熊野《みくまの》信仰の一社で、熊野那智大社に見立てられている。その熊野信仰のシルシの樹、ナギ（梛）の大木を目印に石段を上ると、真正面に「恵比須社」があり、「恵比須大神」がデンとお坐りになっていらっしゃる。

なぜ、熊野信仰の社にえびすさまがいらっしゃるのか。こちらのえびすさまは正式には「夷川恵比須神《えびすがわ》」という。わざわざ夷川を付けて呼ぶ。京の夷川と言えば、家具屋さんの街で、特に寺町通から烏丸通の間の「夷川通」には、和洋家具から注文家具、家具と関わる金具類を扱う店などが集住している。

なぜ、この通りを夷川通と呼ぶかというと、かつてこの通りにはその名の通り〝川〟が流れていた。ほんの少しの流域であるが、寺之内（裏千家・表千家のある辺）から「小川《こかわ》」の支流の流れが、西洞院川《にしのとういんがわ》に合流するまでのささやかな「流れ」を夷川と呼んでいた。「通り名」の夷川通は通称で、「冷泉通《れいぜい》」が本名である。しかしここに住む人々は、そこに「蛭子社《えびすのやしろ》」があったゆえ、その川を尊んで夷川（「恵比須川」とも書かれる）と呼び、「通り名」も夷川通と呼んだ。今では冷泉通より夷川通の方が通じる。

こちらの蛭子社はよほど人気があったのであろう。えびす信仰が盛んでなければ、わざわざ〝本名〟をさしおいて神名を通り名にするはずはない。ただ残念なことに、応仁の乱（一四六七〜一四七七）で京の町は荒廃した。その折、「蛭子社」も川も失われ、社殿は土の中に埋もれた。ところが「恵比須大神」は生き残った。そして若王子神社に入った。若王子神社の由緒もそう語り、夷川の古老もそう言う。ただ、この応仁の乱の「蛭子社」の悲劇を記す『京町鑑《きょうまちかがみ》』（一七六二）では、〝尊像〟の行き先を六角堂と並んであった修験道の寺「不動院」とする。不動院は『都名所図会』巻一にしっかりと描かれているから、架空の寺ではない。恵比須さまは少なくとも一度は、この修験の寺・不動院にお入りになった。不動院では、嘉字の「恵比須」大神は原名の「夷」神と記されていた。

祇園祭とえびす——神輿舁きを清めた蛭子井

「建仁寺えびす」も「夷川恵比須神」も水と関わり深い。一つは海であり、一つは川であった。もう一つ、京のえびす神は「井戸」と関わる。京の町はどこを掘っても水が湧くというほど、やわい（柔らかい）土地である。それで水の恵みと水の災いをうまく操りながら暮らしてきた。京のえびすは「井戸の神」でもあった。井の中にはえびすさんがお住まいになっているという信仰である。「えびす」は、その奇跡をもって井戸の傍に祀られた。井戸の守り神のような「えびす神」は、かつてはたくさんいらっしゃった。

その中でも有名だったのが、祇園祭の山鉾町《やまぼこちょう》の一つ、室町四条上ルにある「菊水鉾《きくすいぼこ》」を出す菊水鉾町の「夷井」で、その傍に「えびす神」は祀られていた。

「井戸」の水は茶事に使われるほどの美味な湧水《ゆうすい》であった。今は残念ながらお引っ越しをされてしまったが、元はこの町内に邸を構えていた京の能楽の御家元・金剛《こんごう》流の金剛能楽堂内にあった。その井戸は「菊水《きくすい》」あるいは「菊水井」と呼ばれていた。実際は「夷井」だったのに、なぜ？　菊水鉾があまりに有名になったので、元々の町名もいつしか夷町から菊水鉾町となったように、井戸の名も変わったのである。冷泉通が夷川通になったように。

「夷井」は忘れられてしまったが、「その昔、夷町のえびすさまは、祇園祭の日には社殿を抜け出し、鉾に乗った」という伝承はまだ健在。

下京区油小路《あぶらのこうじ》四条下ルに石井筒町《いしいづつちょう》がある。こちらの「えびす神」の井戸は、その名もズバリ「蛭子井戸」。この井戸もとても有名であった。井上頼寿《いのうえよりとし》の『京都民俗志』にも、「祇園祭の神水で、いま一つ有名な井戸が下京区四条通油小路西入る所にあった。むかし祇園祭の神輿《みこし》を、大阪の難波《なにわ》から舁《か》きにきた若者が手水に必ず使う井戸であった。都花月名所に蛭子水とあるのはこれである。石の井桁があったので、町名も石井筒町といった。その井戸の位置も、今は四条通の電車線路となっている。傍にあった社を井の元蛭子といい、今は油小路通四条下る民家の内に移っている。『都名所図会拾遺』には、その井中から神が出現したので水閘蛭子《すいこうえびす》というと見えている」

と書かれている。

石井筒町の蛭子神は井戸の中より出現した。神はその御姿を見せた。そしてこの奇瑞《きずい》の井戸も祇園祭になくてはならない〝水〟を提供した。石井筒町は祇園祭にかつて「八幡《はちまん》山《やま》」を出していた。隣の風早町《かざはやちょう》は「油天神山《あぶらてんじんやま》」を、太子山町《たいしやまちょう》は「太子山」を今も出す。しかし残念ながら「八幡山」は、現在は中京区新町通三条下ル三条町から出る。『祇園社記』には、明応九年（一五〇〇）に再興された山鉾の記述の中に、「前祭《さきのまつり》に『二十四番八幡山　四条油小路トアヤノ小路ノ間也』」とあるが。豊臣秀吉が山鉾巡行を見物した折はすでに八幡山は現在地に遷《うつ》っている。その間の事情はよく解らない。

しかし「山」を失ってもなお石井筒町の蛭子社の「井戸」は深く祇園社、祇園祭と関わり続けた。井上頼寿の先の記述と少し異なるが、おおよそ同じ内容が『京都坊目誌』に書かれる。

「こちらの井戸の水は『祇園の神水』と呼ばれ、神輿を舁くために摂津の今宮浜の夷神社（現在の今宮戎神社《いまみやえびす》）・広田神社（現在の西宮神社）の神人《じにん》（今宮供御人《くごにん》／禁裏供御人の一つ）がやって来た時、必ずこの井戸の水で身を清めて神輿を舁いたという。維新の時までそれは続いた」

祇園祭、すなわち祇園御霊会という怨霊鎮めの神事に、井戸を宿とするえびす神は深く関わっていた。えびす神は祇園御霊会の神輿舁きにキヨめの〝水〟を提供していた。祇園社にも蛭子神は祀られている。「北向蛭子社《きたむき》」という。この蛭子社の由緒にも、今宮供御人のことが語られる。

祇園祭の神事を担う粟田《あわた》神社は、宿を失っていたえびす神をお迎えして祀っている。粟田神社の恵美須神は、「出世恵美須」「門出《かどで》恵美須」という。源 義経《みなもとのよしつね》が牛若丸の時代、奥州へ旅立つ折、こちらの「恵美須神社」の元宮に参ったことにその名は由来する。

粟田神社の「恵美須神」も、その御姿を拝することが出来る。こちらは若王子神社のように〝いつも〟という訳にはいかないが、祭礼の日には御開扉がある。そのお顔、少し変わっている。立烏帽子で鯛と釣竿を持つまではよいのだが、他の蛭子像に比べると少し細身で、何と言ってもその笑い顔に特徴がある。こんなに笑っている「えべっさん」を見たことがない。しかもその笑い顔、不気味である。

「十日えびす」の御開扉の時に、一度お顔を拝して頂くと、その奇妙さが解る。ちなみにこちらの恵美須の神像の作者は、最澄《さいちょう》と伝えられる。ゆえに日本最古の恵美須の神像という。この恵美須神、かつては粟田神社を山裾に抱く粟田山（三条蹴上《けあげ》）の夷谷《えびすだに》という所に坐した。牛若丸は、この夷谷に登って祈願した。

その社が山崩れで壊れ、恵美須神は土砂とともに三条神宮道付近まで流れて来た。天台の門跡寺院青蓮院《しょうれんいん》の前である。青蓮院の門前に山から神が落ちて来たら、その神さま、祀らない訳にゆかない。それでまずは「流されえびす」、青蓮院の塔頭・金蔵寺《こんぞうじ》内に祀られた。しかし明治の神仏分離の折、金蔵寺は荒廃、「夷社」も失われた。その御神体のえびすさんを引き受けたのが粟田神社である。

粟田神社の「恵美須神社」の祭礼は、一〇月二〇日にもある。「建仁寺えびす」の「二十日えびす」をこちらも忘れていない。「一〇月二〇日」という日は、えびすさんにとってとても大切な日であるということを忘れてはいない。

舞鶴市の恵比須神社では、一〇月二〇日（かつては九月二〇日）は「えべっさんが海から上がって来た日」と伝え、この日を最も大切な日としている。一月一〇日は「えべっさん」が海にお帰りになる日という。古くは「えべっさん」のお祭は、「海からやって来る日」、「海にお帰りになる日」、「二十日えびす」と「十日えびす」を〝対〟でやっていたのである。ただ、「やって来る日」は少しずつ廃れていった。

海辺の里には時々、不幸がある。海の彼方から屍が流れ寄ることがある。海辺の人々は、その水死体を「えべっさん」と呼んで、丁寧に供養・埋葬する。えべっさんがやって来たのである。神がやって来たのである。

ところで洛中のえびすは、なぜ「祇園会」と関わるのだろう。昔は水の災いで多くの子供が亡くなった。そんな子供たちの霊を慰めるのも、御霊会、祇園祭の仕事であった。祇園祭の山鉾を装飾する前掛け・見送りの図柄に「唐子《からこ》」が多く描かれている。この唐子の図の意味は、「子を供養する」ためという。やはりえびすの御正体は、イザナギ・イザナミの赤子・蛭子《ヒルコ》であった。唐子の遊ぶ姿を描いた美しい布を見ると、「流されえびす」という捨てられた赤子を思い出さずにはいられない。

水はハライ・キヨメの呪具である。昔、こんな口上があった。

「目出度いなめでたいな、鶴は千年、亀は万年、東方朔《とうぼうさく》(前漢の学者)は九千歳、三浦の大助百六つ……厄《ヤック》払いましょ(ヒョ)、この家の厄をひとさらえにさらえて、鴨川の流れに真逆様にドンブラコッコ……」

この職業、厄払《やくはら》いと言う。節分に出た。「物吉《ものよし》」と同じように、強引に家々を訪ね、豆と銭を包んだおひねりをもらって、それを収入とした。強引と言ったが、その家にとって厄払いに訪れてもらうことは、ありがたいことでもあった。

「これで一年無事に過ごせます」

京の厄払いは、その家の「厄」を鴨川に流すと歌う。流された厄はどこに行くのであろう。祇園祭、祇園御霊会も、厄（疫神）を鴨川に流した。紫野御霊会（現在のやすらい祭）は、厄を難波の海に流した（『日本紀略』）。そう、厄、疫病も何もかも汚れたもの、悪さをするものは、みんな〝水〟に流した。水に流すことで水の呪力を得て、その場はキヨめられた。

しかし、悪疫を放り込まれる〝水〟の方はたまったものではない。水は時々復讐する。洪水を起こしたり、疫病を流行らせたり……だから人々は、この〝水〟を大事大切に祀り、信仰して、タタる水を慰めた。祇園社の「本殿下にある大蛇が棲むという大池」伝説は、そのことをとても直截《ちょくせつ》に伝えている。祇園さんに象徴される「水の信仰」とは、水神を慰撫するものである。それほどに水神のタタリは恐しい。その源を私はヒルコに戻って考える。棄てられた赤子のタタリをみる。

――・つけたり

京の町名には「えびす」の付く所が多くあった。しかし、その町名の起源となった「えびすの社」が失われると、町名は消えていった。その中でかろうじて残っている町名がいくつかある。秀吉の「耳塚」や熊谷直実蓮生坊《くまがいなおざねれんしょうぼう》ゆかりの烏寺《からすでら》のある東山区の「蛭子町（夷町）」、河原町三条上ルの「恵比寿町」、下京区正面通の「蛭子水町」等々――また古墳を守るため、すなわち死霊《しりょう》を慰めるために造立された「蛭子社」を祀る「杉蛭子町」。下京区黒門通にある。かつてこの町内は芦刈山《あしかりやま》を経済的に支えた寄町《よりちょう》の一つであった。

三　石清水八幡宮と相槌神社――「山の井」と「三条小鍛冶」伝承

武内宿禰の孫・行教――石清水と離宮八幡宮

京都府八幡《やわた》市に鎮座する石清水八幡宮《いわしみずはちまんぐう》の信仰は「水の信仰」から始まっている。「石清水」という名がそれを語っている。石清水――湧水《ゆうすい》である。この社、八幡信仰と合体する前は、紫雲《しうん》たなびく神山・男山《おとこやま》の「石清水」として信仰を集めていた（石清水八幡宮は一名、男山八幡宮ともいう）。もちろん「石清水八幡宮」には立派な縁起があり、多くの文書が残されている。そう簡単に「水の信仰」と片付けられては……と言われるかも知れない。しかし立派な縁起・由緒が出来上がるのは、中世に入ってからのこと。それまでは、どこの社も原始の信仰から始まっている。原始の信仰というと、太陽・月、風、水や樹や岩・石等々の〝自然〟総てを崇拝するものであった。人はそれを祀り、育てた。そう、ただお祀りするだけではなく、神を育て「ご利益」を求めた。

石清水八幡宮のご利益とは？　水の信仰から生まれた「厄除け」である。このご利益も、「水の信仰」と同じで、どの社にもあるではないかと言われそうだが、そしてその通りなのだが、昔むかし、人は生きるために神にすがった。

祇園社・八坂神社も「水の信仰」である。ご利益は「厄除け」である。人が生きるためにはまず〝水〟が必要であった。しかしその水は恵みとともに災いをもたらした。人々はその災いから逃れるために「厄除け」祈願をした。

現在の立派な石清水八幡宮の社殿を拝すると、「どこに、水の信仰が？」「厄除けの具体的な〝もの〟は何？」ということになりそうだが……そのことを探っていこう。

まず石清水八幡宮という立派な社殿が出来、そこに神や仏が祀られるようになったその初めを簡単に語ると以下のようになる。

昔、清和《せいわ》天皇の御代（八五八～八七六）、紀氏から出た大安《だいあん》寺の僧に行教《ぎょうきょう》という者がいた。九州の宇佐《うさ》八幡宮を大変信仰していて、都近くの霊地に八幡神を祀りたい、と思っていた。霊地はすぐに見付かった。都の南に三川《さんせん》合流の地があった。神はなぜか、二川《にせん》合流の地・河合《かあい》の地を好む。三川合流となれば、より神にふさわしい地となる。それで、行教は宇佐より八幡神を男山の「石清水」の地に勧請《かんじょう》することになるのだが、その折、行教は一息つく。男山の向かいの地・大山崎《おおやまざき》（京都府乙訓《おとくに》郡）でしばらく男山を見て、まずはこちらに一旦、八幡宮を造営しようと、「離宮八幡宮」という立派な社を建て、八幡神をお迎えする。

この「離宮八幡宮」は今も健在で、その社の中心にこちらも「石清水」を据えている。立派な境内図が残されているので、かつての様子がよく解る。しかし何と手間なことを行教はしたのであろうか。離宮八幡宮の名は、その地に嵯峨《さが》天皇の離宮があったことに依る。尊い地である。そして、さらにこの地を霊地にするために、行教は独鈷《どっこ》で霊水を湧かす。それが、離宮八幡宮にある「石清水」である。それで、離宮八幡宮は石清水八幡宮ともいう。そういう奇瑞の手続きを経て、いよいよ、行教は男山に登り、自然の清水が湧く、その霊地に現在の石清水八幡宮の社殿を建てるのである。

一説に、川を挟んである二つの八幡宮は、同時に建立されたとも、元々はこの大事業、清和天皇の霊夢に始まるとも伝えられる。どちらにしても「石清水八幡宮」は、大安寺の僧・行教が主役となって建てられた。仏が、神を運んで来たのである。「神仏一体」は当たり前の時代であるから、僧が神を勧請しても少しもおかしくない。

そして、行教の子孫が、代々、石清水八幡宮の宮司《ぐうじ》を務めることとなった。現宮司・田中氏は、行教の子孫である。その行教の祖が、紀氏の祖である武内宿禰《たけのうちのすくね》である。

三条小鍛冶の井――水の呪力と玉垂命

石清水八幡宮の本殿の麓に小さな社がある。「相槌《あいづち》神社」という。稲荷明神を祀る。傍に〝井〟がある。「山の井」という。「八幡《やわた》五水」「男山五水」と呼ばれる石清水八幡宮の名水の一つである。

その相槌神社の銅板の扁額《へんがく》に「三条　小鍛冶《こかじ》」とある。「三条小鍛冶」？「山の井」はあの有名な鍛冶師の物語の「三条小鍛冶の井」であるのか。「三条」という〝名〟が冠されているのだから、三条の粟田神社周辺にあるのなら解るが。現実に、粟田神社を中心として「三条粟田口」にはたくさんの稲荷明神を祀る「神水」・「小鍛冶の井」がある。

その理由は、中世、現在の「京阪三条」から東一帯にかけて（北は三条通、南は知恩院、西は神宮道《じんぐうみち》、東は「ウェスティン都ホテル京都」）、刀鍛冶が集住していた。その刀鍛冶たちの〝神〟が、稲荷明神であったからである。

「三条小鍛冶の井」とは何か。そのカタリをまずはザーっと語っておこう。

一条《いちじょう》帝の御代（九八六～一〇一一）、京に「三条の小鍛冶宗近《むねちか》」という刀匠《とうしょう》がいた。帝、夢告《むこく》を得る。「三条小鍛冶という者は霊剣を打つ」と。それで、勅使・橘道成《たちばなのみちなり》を遣わせて、宗近に〝御剣〟を打つことを命じる。しかしその時、宗近には優れた相方、相槌打ちがいなかった。宗近、氏神・稲荷明神に祈る。すると、そこへ不思議の童子が現われて、時が来たら必ず相槌を務めましょうと約束する。そして、その時がやって来た。童子は稲荷明神の御正体・キツネと化して相槌を務めた。宗近は神の力を得て、見事な御剣を打ち上げる。以来、宗近は今まで以上に稲荷明神を信仰し、刀を打つ時、神水の湧く井戸に必ず稲荷明神を祀ったのである。

後崇光院《ごすこういん》の『看聞御記《かんもんぎよき》』に「三条加地《かじ》」の名がすでに載っているので、このカタリは、中世に相当流行したものと思われる。それは稲荷信仰の成長を表わすものであった。

つまり、刀を打つ時、刀鍛冶の刀匠宗近の相手を務めたのが、童子、本性キツネであったというお話である。それで名刀が打てたので、この御相手（相槌）のキツネを神として大切に祀ったというのが、「三条小鍛冶」伝承の始まりである。稲荷明神の神使・キツネは、〝ここ〟より出世して、明神と合体し、神となる。

その神となったキツネを祀る社・相槌神社がなぜ、この石清水八幡宮に坐《いま》すのか。石清水八幡宮本殿は、男山の山上にある。それで、ケーブルカーが用意されている。しかし表参道は、七曲りと呼ばれるカーブをいくつも越えて、山上へと登らなければならない。その表参道の入口に、「山の井」があり、「相槌神社」がある。

相槌神社の由緒はこうである。

伯耆国《ほうき》（現在の鳥取県）に大原五郎太夫安綱《おおはらごろうたゆうやすつな》という鍛冶師がいた。名匠である。安綱は

「天下五剣」と謳われ、現在国宝に指定されている「童子切安綱」を作った人である。この安綱が、「山の井」の神水を用いて、名刀「髭切《ひげきり》」「膝丸《ひざまる》」を作った折、相槌を務めたのが、ここ、八幡平谷《やわたびようだに》に祀られる相槌神社の稲荷大明神である。

また『平家物語』「剣の巻《つるぎ》」では、この二振りの剣は筑前《ちくぜん》国の鍛冶の上手《じょうず》の作とある。しかも彼はこの名剣を得るために、まずは宇佐八幡宮に参籠し、さらに都に上り、最上の鉄《くろがね》を得て、六〇日間鍛えて、髭切・膝丸を作ったという。ただ、都のどことは、記されていない。それが『男山考古録』(「石清水八幡宮史料叢書一」昭和三五年)には、『平家物語』の記述を受けて、「男山御本宮に参籠して神託を蒙り、二振の劔を剣て《きたい》」とある。この物語では二振りの剣は、「八幡神」の奇瑞に依って誕生している。

源氏の先祖伝来の宝刀、髭切・膝丸の誕生に関わったのは、稲荷大明神か八幡神か。二つの物語、その〝神〟は異なるが、「山の井」の神水を用いて、名刀が作られたことは間違いない。ただ、ともに「三条小鍛冶」も宗近も登場しない。しかしこの謎はすぐ解ける。

石清水八幡宮の入口に、なぜ三条小鍛冶伝説がやって来たのかは、男山山麓の頓宮《とんぐう》、祭の日、神が一時滞在する仮宮の傍にひっそりと鎮座する「高良社《こうらしゃ》」が知っている。

高良社の御祭神は高良玉垂《たまたれ》命である。この神は「玉垂れ」↓タマタレ↓タタレ↓タタラ

鍛冶の翁と三歳の童子。『八幡縁起』第九段（1389）サンフランシスコ・アジア美術館蔵より。『八幡宇佐宮御託宣集』によれば、鍛冶の翁の出現の地は「菱形池」の辺（ほとり）とある。

となり、「玉垂」とは金属神の用いる踏鞴《たたら》を意味するという（高崎正秀）。タタラは砂鉄・木炭を原料として行う「和鉄精錬法」に欠かせぬ道具である。このタタラ、じつは八幡神の根幹と深く関わる。八幡の「縁起絵巻」では、八幡神は翁と童子の姿で出現する。翁の方はフイゴすなわちタタラを扱っている（正確に言うと、タタラはフイゴの大きいもので、足で柄を踏んで風を運ぶ。フイゴは手で柄を押したり引いたりして風を送る）。翁の裏の顔・童子は竹の葉上に出現する。

　八幡神の神格の一つは「金属の神」であった。石清水八幡宮では、高良社がその神格を語ってくれる。稲荷もまた金属の神である。ここ、相槌神社で、八幡神と稲荷神は合体して、「山の井」即ち「三条小鍛冶の井」を守っていらっしゃる。

また『男山考古録』には奇妙なことが書いてあった。

「洛中、下京の七条高瀬川の住人に石井巳之助《みのすけ》という者あり。巳之助は〝神〟を降ろして神託を聞く人で、占いを業としていた。巳之助の〝神〟は稲荷明神である。その稲荷明神の坐す所は、石清水八幡宮の末社・大扉稲荷社《おおとびらいなりしゃ》である。巳之助はその稲荷明神を勧請、家に祠を建てて祀っていた。大扉稲荷社の『扉』は、稲荷明神の神名からきている。この神の名が知れたのも巳之助の呪力である。巳之助が神に問うた。『神名はいかに？』、神は『我は登毘良《とびら》明神』と答えた。しかも登毘良明神は相槌稲荷大明神の御子神《みこがみ》という。巳之助の占いはよく当たった。それで下京の人たちはこぞって〝本家〟の石清水の稲荷に参った」

石井巳之助を怪し気な「拝み屋」と片付けてはいけない。巷説《こうせつ》は時に真実以上に真実であることがある。彼の「託宣」の業は、相槌神社の相槌稲荷大明神から得たものであった。

「うちの神さんは時々託宣をなさいます。宮司を選ぶのです。『今の宮司はイヤ、あの人を宮司にしてほしい』と。それでこちらの宮司は、神の御意向に従って代替わりして参りましたので、現在、明治から数えて五代目になります」
まるでダダっ子のような神・相槌稲荷大明神。この託宣、ずっと信ぜられてきた。それで、つい最近も新しい宮司さんが就任した。氏子さんたちも、その神の声を信じている。「託宣の神」といえば、八幡神である。やはり、石清水八幡宮の八幡神と相槌神社の稲荷神は、合体している。

現在「山の井」を守るのは地元平谷《びょうだに》の方々。

「平谷」という地は、今はひっそりとしているが、中世・近世は三条粟田口のように衢《チマタ》、街道であった。湯屋《ゆや》があり、鍛冶屋や両替商がいて、「平谷町鉄屋吉右衛門」なる有徳人《とくにん》（金持ち）もいた。道は大坂に通じ、相槌稲荷には、京や大坂から多くの参詣人が詣でた。そして山上へ、石清水八幡宮へ——その折、人々はこの〝井〟の〝水〟で身を清めて登山したのであろう。

古地図（寛延四年〈一七五一〉）がそれを語っていた。相槌神社は、今の位置ではなく、少し山を登った所にあって、その鳥居は本殿に向かって〝門〟の態をなしている。参拝する人たちは、〝ここ〟でハライ・キヨメをした。「山の井」の水で。ただ「山の井」の位置は現在と変わらないので、「山の井」は神社の下にあったことになる。古地図では「山の

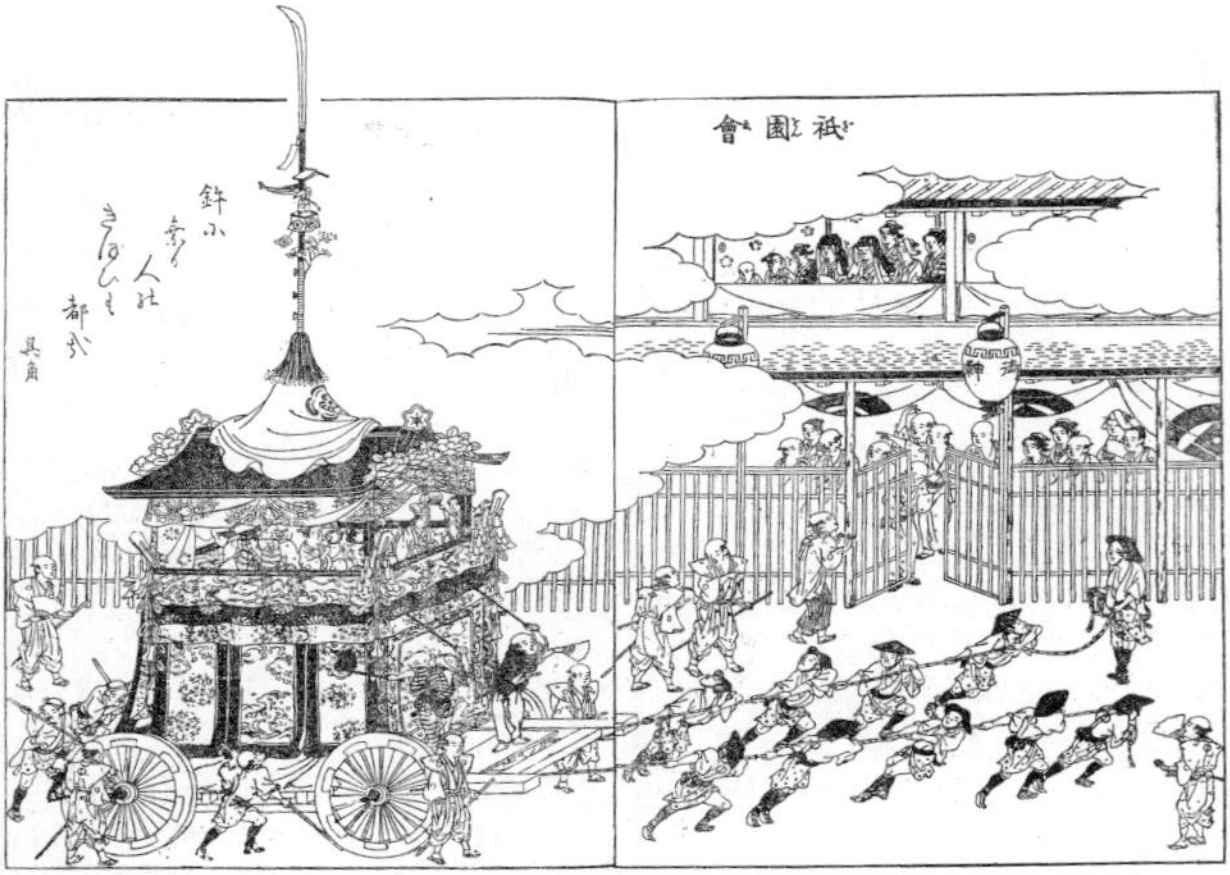

長刀鉾の図。『都名所図会』巻二より。人形座（天王座）には、船を担ぎ長刀を持つ和泉小次郎親衡が坐す。石清水八幡宮の「厄除け」は、この「長刀（ナギナタ）」より出ている？

井」とすぐ真上に位置する相槌神社は梯子《はしご》で繋がっている。おそらく「山の井」の水は相槌神社に運ばれ、人々はその水で身をキヨめ、金属神「三条小鍛冶」伝承の〝刀・長刀《なぎなた》〟という呪具で厄をハラい、魔をナギ倒したのであろう。ちなみに平谷の氏神さんは相槌神社ではなく高良社である。

石清水八幡宮の「水の信仰」「厄除けの信仰」は、〝ここ〟、相槌神社を通して見るとよく解る。ささやかな庶民信仰から、大社の信仰を解く事が出来る。

現在の「相槌神社」の御祭礼は、二月の二の午《うま》の日。平成三〇年は、二月一九日であった。風に翻っている幟《のぼり》の

石清水八幡宮表参道。「相槌神社」御祭礼の日。幟に誇らしく「三条小鍛冶」の文字。“山の井”は向かって右にある。

文字に、「三条　小鍛冶」の名が記されていた。この幟の奉納者は、宗近を遠祖とする徳島の方であった。全国に宗近の子孫はいる。

——・つけたり

三条小鍛冶宗近の血を継ぐ方が徳島にいるというのは興味深い。京藍《きょうあい》を阿波《あわ》にもたらし、阿波を藍の一大産地とした蜂須賀《はちすか》氏は、藍以外にも京の産物・技術を阿波に持っていった。京の刀工も連れて行っている。

第五章　日吉山王とヒメ神

白山神社。ささやかな社として忘れられそうだが、とんでもない、今は「歯痛治癒の神」として全国区。

一　白山神社――〝歯痛〟を治すご利益と……

麩屋町通――上白山町・中白山町・下白山町

白山《はくさん》信仰という信仰がある。白山という「山」への信仰を元として生まれたものである。白山は、加賀（現在の石川県）、飛騨（岐阜県）にまたがって坐《いま》す。

白山信仰は全国に分布する。「白山」という地名の所には必ず白山神社があった。今はなくとも、かつてはそこに社があった。

京で最も知られている白山神社。縦の通り、南北の通りは麩屋町《ふやちょう》通。東西の通りは御池《おいけ》通。その交差する所を上《あが》るとその神社はある。

町名は上白山町《かみはくさんちょう》。そして御池通のすぐ下《しも》が中白山町、その南の姉小路《あねやこうじ》通の下が下白山町。上・中・下の「白山町」は一本の通りに整然と並んでいる。三つの「白山」の付く町名は、みな白山神社があったことに由来する。それで古くは、この通り白山通と呼ばれていた。「地誌」には、

「白山社《はくさんのやしろ》　白山通押小路《おしこうじ》の南にあり　祭神加賀《かが》国白山権現なり　むかし治承《じしょう》の頃白山の大衆《だいしゅ》　内裏《だいり》に強訴《ごうそ》の事ありて思ひのまゝならざりしかば　神輿《みこし》三基を振りて此所《このところ》に捨置き

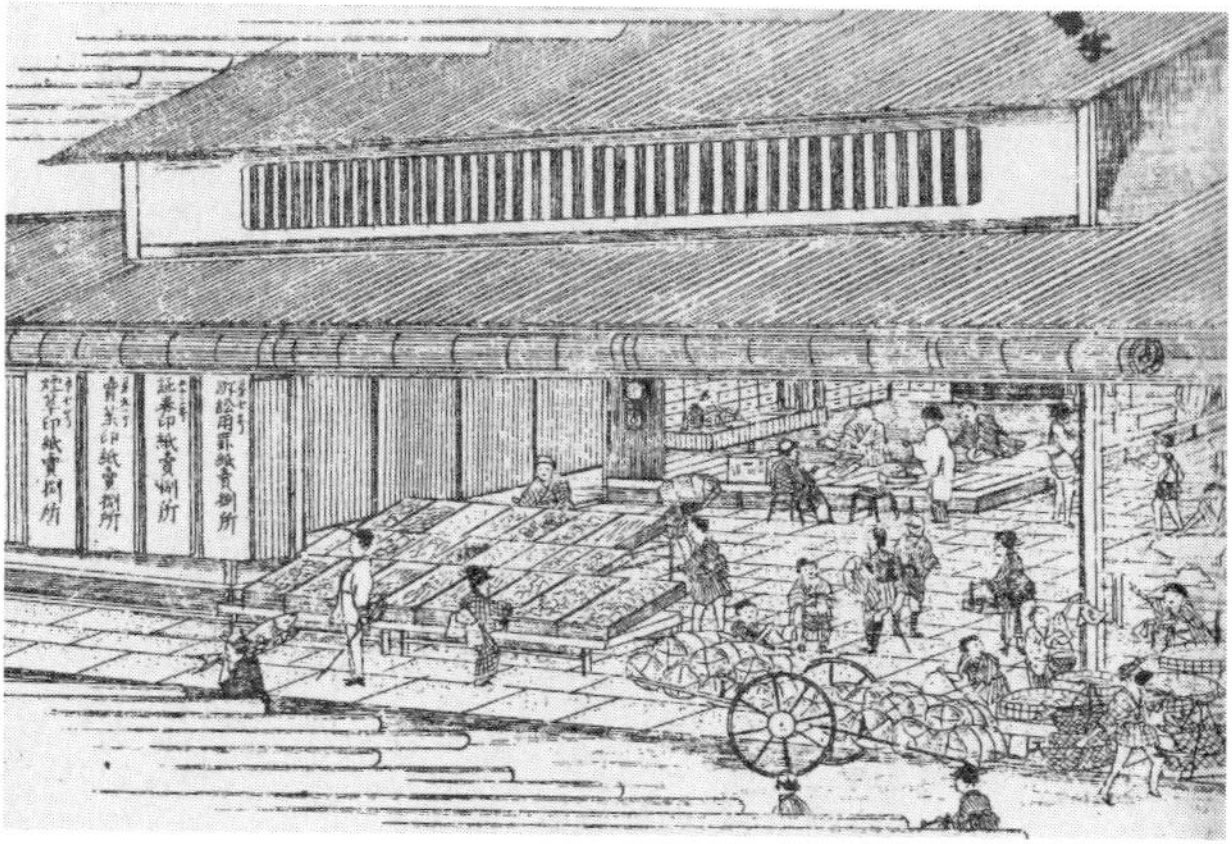

「麩房（ふふさ）」。『都の魁』下「麩商之部」。湯葉もコンニャクも扱ったという麩屋の活気。『都の魁』は明治初期の京都の商工案内書。

けり　叡山《えいざん》の例に倣《なら》ひてこれを神輿振《みこしぶり》といふ　即ち勅《ちょく》ありて勧請しけるなり　当町を上白山　御池の南を中白山姉小路の南を下白山といふ」（『都名所図会拾遺』巻二）

とある。

しかし今は通りの名は白山通ではなく麩屋町通で、白山神社も上白山町に一社だけしかない……。

「社伝によれば平安末期の治承元年（一一七七年　高倉天皇御代）、加賀白山社の僧徒は神輿三基を担いで強訴《ごうそ》に及んだが、その願いが聞き入れられなかったので担いで来た神輿を路上に放り出して帰山《きざん》した。この神輿一基を祀ったのが当社の起りと伝えられる」

と、白山神社の駒札には書かれるが。社

殿は今は神輿の形をしていない。実はもう一社、神輿が〝社〟になったという伝承を持つ白山神社が生きていた。下白山町の「白山宮《はくさんぐう》」である。ただこの社は、町内の氏神として、路地《ろうじ》の奥に坐して、通りからは見えない。ささやかな社殿も神輿の形を残してはいない。それでも町内の人たちは、伝承を抱いて「白山宮」を守り、年に二度の祭礼を欠かさない。九月の例祭と一一月のお火焚祭《ひたきさい》である。

白山のある加賀は遠い。なぜその地から京へ神輿はやって来たのだろう。その答は『平家物語』に書かれている。

その前に「白山信仰」のことを少し知っておこう。白山信仰の仏さまは十一面観音菩薩である。神さまは「白山権現」というが、その前に、土着の神がいたらしい。イザナミやククリヒメ（菊理媛）の名が挙げられるので、女神であったと思われるが、童子という説もあり、白山の神の御正体は複雑である。

「白山」の「白」には深い意味がある。「白」は「生まれ清まり」を表わす。つまり白山の神はケガレを払い、新しい生命を与えてくれる神なのである。それを具現化した神事が、かつて三河（愛知県）の「花祭」で行われていた「白山行事《しらやまぎょうじ》」である。「白山行事」は〝橋〟を渡って「白山《しらやま》」という作り物の室に入り、そこで再生を果たすという、秘事である。花嫁の白無垢《しろむく》も、死者の白い着物も、この「白山《はくさん》」信仰の「白」から出ている。因みに漢字の「白」は「髑髏《どくろ》」を形取ったものである（白川静）。

白山信仰は「白比丘尼《しらびくに》」という女性宗教者によって運ばれた。白比丘尼は八百比丘尼《はっぴゃくびくに》という女性宗教者の集団の中の一つの〝名〟である。八百比丘尼とは？

八百比丘尼というのは、二八《にはち》の一六歳の時、誤って人魚の肉を食し不老不死となり、八〇〇歳になっても死ぬことが出来ず、それを嘆いて、自ら洞《ほら》に入り、飲食を断って命を閉じたという異形の処女《おとめ》である。その容貌は二八の一六歳の少女であったというカタリの多い中、老尼とするものもある。

この八百比丘尼の物語は成長を続け、ついに女性宗教者の一般名称となる。白比丘尼は、八百比丘尼の異称である。ただ白比丘尼の「白」が白山信仰より出たものであるということが重要である。そしてこの「白比丘尼」の名称も結構有名である。

それは、中原康富《なかはらのやすとみ》（室町中期の官人・学者）がその日記『康富記《やすとみき》』に記したからである。文安六年（宝徳元年／一四四九）五月二六日乙巳《きのとみ》の記事に以下のようにある。

「この二〇日頃、若狭国より『白《シロ》比丘尼』という二百余歳の比丘尼上洛する。人々はこれは奇異なりと騒ぎ立て、その奇怪さ故、二条東洞院東側にある『地蔵堂』で、見料をとって、この女人を見せた（見世物である）。古老の話によれば、『白比丘尼』という名の由来は、その白髪ゆえという」

同様の話が『臥雲日件録抜尤《がうんにっけんろくばつゆう》』（室町前期の相国寺の僧・瑞渓周鳳《ずいけいしゅうほう》の日記を、同寺の惟高妙安《いこうみょうあん》が抄録したもの）の同年七月二六日の条にも載る。

「最近、八〇〇歳の老尼が、若州《じゃくしゅう》より入洛、貴人は一〇〇銭、一般の者は一〇銭出して見た」

若狭（福井県）から「八百比丘尼」はたびたび京に来ては「見世物」となっている。彼女の長寿にあやかりたいと思って、貴人も庶民もその不思議を拝したのであろう。しかし同時に、「白比丘尼の〝白〟は、透き通るような白で、白子《しらこ》という色素のぬける〝病〟であった」とするカタリもあり、その姿を描いた絵もある（『病草紙《やまいのそうし》』）。

白山信仰は〝病〟と関わる。白山の神の伝承の一つに、天皇の皇女が悪い病に罹って御所を出て、さすらい、最後に白山の神になったというものがある。また、

「（白山権現が）疱瘡神とよばれていたという点に注意がひかれる。各地の白山神社というものはいろいろヴァリエーションに富んでいるが、総じていえることは、子どもの神さまであり、たいへん祟る神であるということである。そして、祭りのときに白い旗をたくさん立てる特色もある。また流行《はやり》神としては、歯の痛みにたいへん効くし、天然痘の流行時には疱瘡神としても信心されていた」（宮田登「白山信仰と被差別」）

と。

白山の神がタタる神、呪詛の神であるということはあまり知られていない。また疱瘡神であるということも知られていない。麩屋町御池上ルの白山神社でもこの神がタタリ神で、疱瘡神という恐しい神ということは語られないが、歯痛《しつう》の効果については、先述の駒札の続きに、以下のようにある。

「後桜町《ごさくらまち》天皇　歯痛で悩まれた時　女官　当社　神箸と神塩を受け　病歯につければ忽《たちま》ち平癒せられたと伝わる」

今でも、この歯痛に効くという神箸は授与品にある。そして、気になるのは「後桜町天皇と病」という関係である。高貴な女人の病と白山の神との関係を考えると、わざわざ後桜町天皇という女性天皇を歯痛にしたのは、白山信仰の古いふるい記憶、「天皇の皇女が悪い病に罹って……」を留めようとしたからではないか。また同じく駒札に、

「幼児　食初《くいぞ》めに　この神箸を用いれば無病息災の成長叶うともいわれている」

とあるのは、こちらの白山の神が疱瘡神を介して子供を守る神であったからである。またこの神箸、「長寿箸」ともいう。由緒・縁起は大切である。荒唐無稽な内容であっても、よくよく読めば、その裏に真実が隠されている。

神輿振り——佐羅王子の神輿

安元三年（一一七七）、以下のような事件が起こった。

平清盛と源頼朝を巧妙に操りつつ、平安末期の京都政界に君臨した人物がいた。後白河法皇である。その後白河の第一の寵臣《ちょうしん》が西光《さいこう》（藤原師光《ふじわらのもろみつ》）である。その西光は法皇に取り入って、息子の（近藤）師高《もろたか》を加賀守とした。安元元年のことである。その翌年、師高は加賀国へ弟・師経《もろつね》を代官（目代《もくだい》）として下向させた。

そこで事件は起こった。「安元事件」という。元々土着の豪族と結託して加賀で勢力を振るっていた白山の神人《じにん》（下級の神職）・僧侶・衆徒が、師経の郎党（家臣）と争いごとを起こした。師経側は、争いの元となった僧たちのいる白山の鵜川《うかわ》の湧泉寺《ゆうせんじ》に火を放った。白山側はこれに怒り、大同団結して師経を京へ追いやった。しかし白山側はこれでは収まらない。師高・師経兄弟の処罰を朝廷に申し出、安元三年正月、「佐羅早松《さらはやまつ》の神輿」を振り立て、越前の小松《こまつ》より京に入った。そして白山の本山は比叡山延暦寺であったので、叡山の衆徒とともに強訴に及んだ。

結局、国司・師高は尾張に流罪、目代・師経は備後《びんご》に流罪となった。

「神輿振り」の様子は『源平盛衰記』に詳しく書かれている。それによれば、白山からやって来た神輿は「佐羅早松の神輿」即ち佐羅宮《さらぐう》の神輿一基であった。ただ洛中に入って来た神輿は白山の神輿だけではなかった。『盛衰記』に「八王子客人《まろうど》権現、十禅師《じゅうぜんじ》三社の神輿」つまり日吉《ひえ》山王《さんのう》社（現在の日吉大社）の神輿が「下洛《げらく》有り」とあるので、日吉山王の神輿も一緒に入ったのである。大体、神輿を担いで振り立て、荒ぶる神の怒りをもって強訴するという「神輿振り」という手段は、日吉山王のものであった。白山の神輿は、日吉山王の神輿に護られるように京に入り、内裏を目指したのである。

『平家物語』にも、『源平盛衰記』にも、白山の大衆が神輿を捨てて、加賀に帰ったとは書かれていない。そして何よりも重要なのは、白山から洛中にやって来た神輿は、繰り返すが、佐羅宮の神輿一基であった。では、なぜ、京都の地誌類には白山の神輿は三基と書かれ、さらに上白山町、中白山町、下白山町各々に白山神社は建てられたと記すのか。

佐羅宮の御祭神、佐羅王子は、あの近江（滋賀県）と越前の国境の山・荒血山《あらちやま》で生まれた。父は日吉山王の摂社の神・唐崎《からさき》大明神、母は白山の女神・竜宮の宮である。白山の神々の中でも最も尊い神が、神と神の間の子、荒血山で生まれた御子神《みこがみ》・佐羅王子である。

神の赤子は三体に分身してこの通りに鎮座したのであろうか。よほど、この通りがお気に召したか。

ところで、麩屋町通に柊家《ひいらぎや》さんと俵屋《たわらや》さんという有名旅館があるのは、この通りとどう関わるのか。江戸時代（その時の通り名は白山通）、ここは東海道五十三次の終着地として賑わった。それで花街が形成された。旅館は花街の名残りという。花街の遊女は白山の神を信仰していたのであろう。白山信仰と遊女。江戸吉原《よしわら》では遊女は年に一度（八月一日）、花嫁衣装の白無垢を着る。それで「生まれ清まる」のだという。

上白山町の白山神社には井戸が二つある。奥のものは六〇〇年前、入口にあるのは三〇〇年前。そう古い井戸ではないが、水源は御所と同じで「茶の湯」に用いる名水として有名であった。そしてその水はキヨメの水。厄を払い、身体をキヨめる水であった。

水と同じく、白い布も、少し前までは厄除けに、キヨメにと授与されてきた。それは手巾（ハンケチ）を一回り大きくしたぐらいの布片で、御幣《ごへい》のような切り込みが入っていた。かつて祭の日、白山神社を白山神社たらしめるために、社をぐるりと取り巻いたという白い幟《のぼり》のその欠片《かけら》を、私たちは頂いていたのだろうか。

二　八坂神社末社・山王社――神輿振りと未の御供

捨山王――捨てられた神輿

白山の神輿のように棄てられた神輿が社になった例は、京都にはたくさんあったのであろう。ただ現在確認出来るのは二社のみである。

一社は八坂神社（祇園社）の境内にある「日吉《ひよし》社」である。こちらは今も「神輿」の面影を偲ぶことが出来る。社殿には覆いがあり、硝子越しにしか拝することは出来ないが、真正面に担ぎ棒が見える。このことは大正四年（一九一五）に刊行された『京都坊目誌』下京第十五学区之部に書かれていた。

その昔、比叡山延暦寺、朝廷に訴訟を起こし、その訴えを通すために、神輿を担いで御所に練り込み暴れた。叡山はたびたび、朝廷に無理な要求をしては、叡山の鎮守社である日吉山王（日吉大社）の神輿を暴れさせた。これを「神輿振り」という。願いが叶わぬ時は神輿を捨て置いてゆく。その捨てられた神輿を「捨山王《すてさんのう》」という。「捨山王」は祇園社に安置された。日吉社はその一基である。

「祇園に安置せしむ」（原文）――この言葉は日吉社だけを言っているのではない。「当社（日吉社）は即ち其の一つなりと」――つまり「捨山王」と呼ばれた「捨てられた神輿」はたくさんあったのである。その神輿は〝空《から》〟ではない。神輿の中には神が坐《いま》す。

何と、恐しい事をしたものか。〝神〟を捨てるとは――いや、神は、その捨てられた地で、神として手厚い扱いを受けた。決して「タタリ」はしなかった。そうだろうか。神の感情は激しい。

『平家物語』巻第一の「御輿振《みこしぶり》」には、白山の神の怒りが描かれる。

前項で書いた「安元事件」である。この事件は神の怒りをかった。それで白山の神の神輿は叡山に向かうのである。神輿に乗った神は白山の御子神《みこがみ》・佐羅王子である。御子神のタタリは強い。王子は怒り、京へ入る一歩手前、叡山の麓の坂本で、その怒りは暴発する。北方より雷を呼び寄せ、雷鳴を轟かせた。その雷は都を指して上っていった。すると、夏、八月一二日という日に、白雪が降り、山上はもちろん、洛中にも大雪が降った。すべてが〝白〟に染まった。

その若い神の怒りのご意志を受けて、日吉山王より「神輿振り」の神輿が出た。「十禅師」の神輿である。神輿に乗る神の名は玉依《たまより》ヒメ。女神である。

女神は先頭に立って都大路を進み、大内裏を目指した。内裏に近付くと、武士が立ちはだかり、女神の神輿に向けて矢を放った。矢は神輿を担いでいた神人《じにん》を殺し、宮仕《みやじ》（下級の社僧）を殺した。そしてついに矢は、女神の乗る神輿に当たった。罰当たりな。今まで、どんなことがあっても、神輿に矢が当たったことはなかった。この時が初めてである。女神は怒り、その怒りは〝炎〟となり、洛中を燃やし尽くした。大内裏も炎上。都人は口々に「おそろしおそろし」と叫んだ。

で、この怒りの女神の神輿、どうなったかというと、やはり「捨てられた」――担ぐに担げぬ状態となってしまったのであろう。神輿を守り、担いだ人々は、「泣く泣く、本山（叡山）へ帰り上る」とある。傷手《いたで》の女神は、野晒《のざら》しの屍体のように、都大路に捨て置かれたのか。それとも仏前で丁寧に供養され燃やされたのであろうか。あるいは「祇園」に安置されたのであろうか。

おそらく傷付いた神輿は「祇園」に入ることは出来ず、火葬に付されたと思う。白山の御子神の怒りから始まったこの「神輿振り」事件は、女神の〝死〟で終わる。女神は殺されたのだ。

ところで、「祇園に安置せしむ」の「祇園」とは――具体的には、どこか。

祇園社の古地図を見ると、石鳥居の西隣に寄り添うように、山王社が描かれている。また『都名所図会拾遺』巻二は、この社について以下のように記す。

「山王社は祇園社の石鳥居の西にあり。傍に三猿の像を安置す。山王社は、むかし、山門より内裏へ強訴の時、神輿を振って捨て置きし神輿の安置場所なり。よって、一名『捨て山王』という」

「祇園に安置せしむ」とは、祇園社（当時、日吉大社の末社）の末社であった山王神社へ、神輿を入れることであった。一社がいるほどに「捨て神輿」はたくさんあった。しかし、この山王神社は今はない。明治の神仏分離の際、神も整理されたので、山王神社は、その時、社殿ごと捨てられたのであろう。

「祇園社に安置せしむ」――この言葉は恐しい。ここはどんなに上等に言ってもやはり「神輿の墓場」であった。現在、山王神社が在ったとおぼしき場所には、八坂神社の結婚式場がある。タタるはずの神々は祝言者となっていた。

山王の森の神――山王宮・日吉神社

神輿がそのまま社殿になったと言い伝えられる神社のもう一社が「山王宮」、現在の「日吉神社」である。下京区室町通仏光寺下ル山王町に坐す。この辺は、昔むかしの下京の雰囲気が色濃く残っている。西側の糸屋町の裏道には、嫉妬の女神を祀る班女《はんじょ》の社・班女塚があり（御神体は大石である）、東に行けば因幡堂がある。

日吉神社の「いわれ」はこうである。

大内裏へ強訴に向かった神輿、その願い受け入れられず、神輿は「山王の森」に捨てられた。神輿はしばし森で過ごしていたが、この神輿を尊崇する村人たちが、神輿を社殿として〝神〟を祀った。神輿に乗っていた神は、「三宮」の女神である。玉依ヒメの「荒《あら》魂《みたま》」である。

その後、「山王宮」を祀る人々、すなわちこの女神に仕える人々は、日吉大社で御子

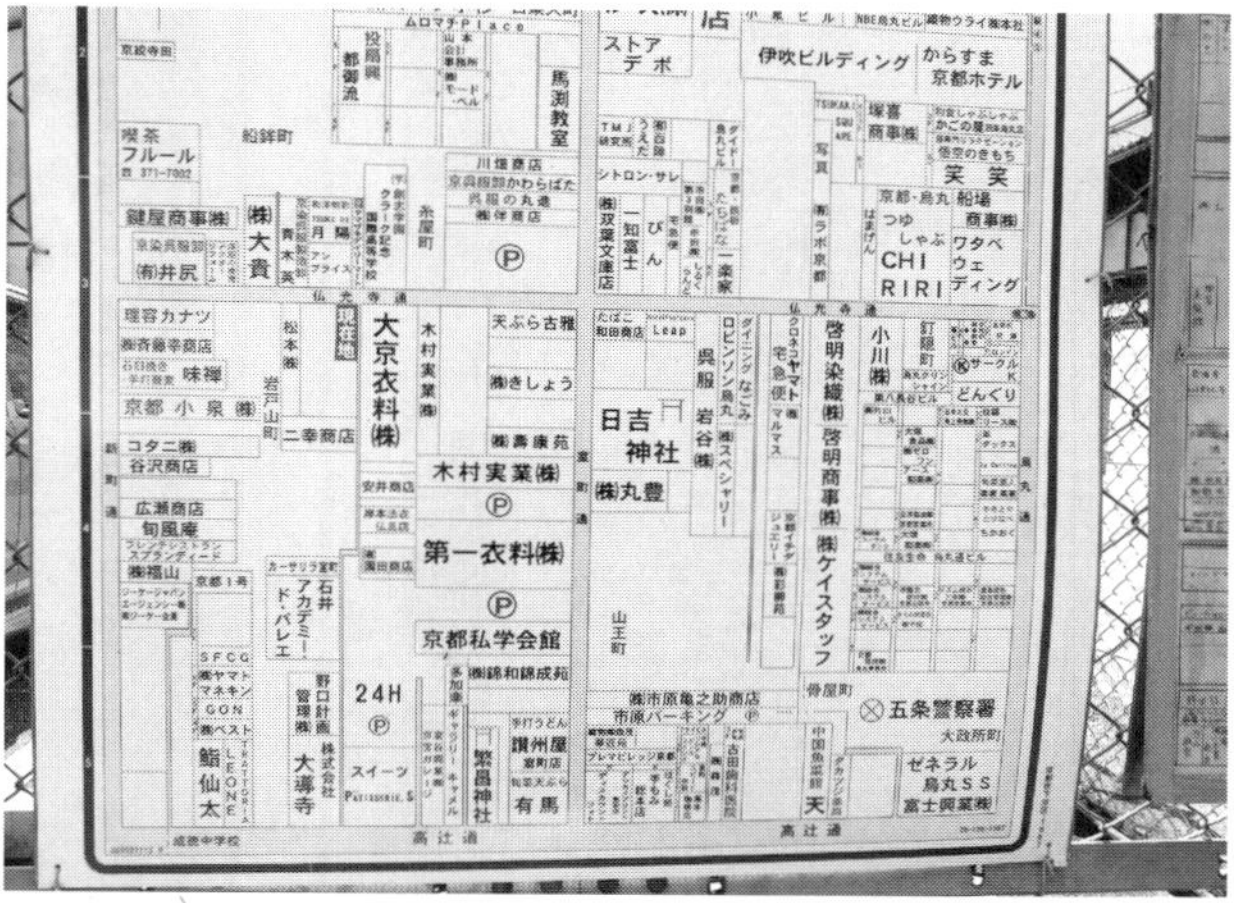

山王宮、現在の日吉神社を示す案内板。班女塚へ行く細道の入口にある。

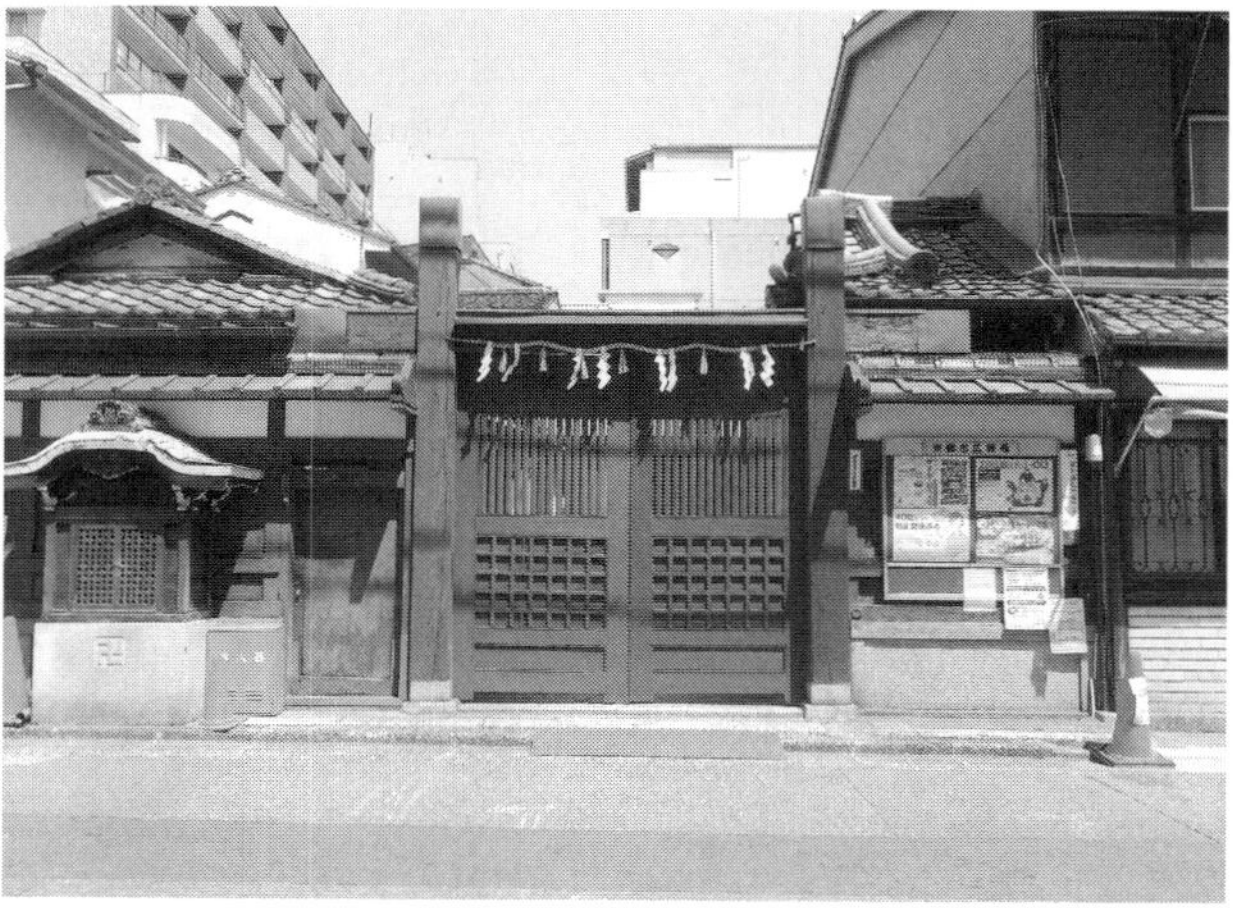

日吉神社（山王宮）。注連縄が張られた開き戸には何も書かれていないが、中は社。近くに繁昌神社もある。

（鴨別雷神《かもわけいかずちのかみ》）が産屋《うぶや》神社で生まれる日、四月中《なか》の申の日（現在は四月一三日）、「祝いの品々」を持って日吉大社に参ることを常としてきた。この神事、今に続いている。神事の名は「未の御供《ひつじごく》」という。

昔むかしから、現山王町のこの社を守る人たちは、日吉の赤子の誕生祝いに「雛人形」「造花」等の紙の作り物、「巻紙」を奉納しにゆく。かつては「梅徳丸《うめとくまる》」という人形を抱いて行った。童形の人形である。

この「未の御供」は、いわば、母・玉依ヒメから赤子・別雷神への贈り物なのである。「流されヒメ」となって京に留まった母は、子に会いたくて、年に一度、叡山を越えて御子に会いにゆく。いや、それは叶わぬこと。母は子の代わりにいつも抱いている「梅徳丸」に誕生祝いの品々を託して、子の許へ届けてもらっていた。

この、母の子に対する執心が、今でも「未の御供」という奇妙な神事を続けている理由である。

三　新日吉神宮――会津小鉄と世阿弥

神輿振りで犠牲になったのは、一番は神々であった。その神にはなぜか女神が多い。

会津、愛し——侠客・上坂仙吉

「京名物の一つに会津小鉄会《あいづこてつかい》あり」というと顰蹙《ひんしゅく》を買いそうだが。今や暴力団という反社会的組織として排除されるヤクザ——京にその誕生秘話があり、少し前までは侠客《きょうかく》として町の治安を守ってきた。「会津小鉄《あいづのこてつ》」の話をしよう。

上坂仙吉《こうさかせんきち》という男がいた。弘化二年（一八四五）、大坂に生まれた。いや生国は不明、ともある。没年は明治一八年（一八八五）三月一九日。通称、会津小鉄。京都最大の暴力団「会津小鉄会」の祖である。「上坂仙吉」は会津藩に出入りし、〝仲間《ちゅうげん》〟職を得ていた。仲間というのは、役人の下働きであるが、幕末の頃は与力・同心の下で働いた「目明かし」「岡っ引き」のように治安維持、町の警固に当たった。後に侠客となる彼は、あの清《し》水次郎長《みずのじろちょう》と重ねられる。

小鉄の名は、幼名の鉄五郎から来ている。大坂生まれ、という説では、父は水戸《みと》藩士・上田友之進、母は大坂の太物《ふともの》商（木綿問屋）丹波屋吉兵衛の娘・ゆうという。生まれた場所は丹波屋のあった島之内《しまのうち》（今は島之内教会で有名）。父はヤクザの用心棒をしていたが、急に家督を継ぐことになり、母子を残して水戸に戻ってしまう。母子は父を追って水戸へ行くが、冷たい仕打ちに遭う。失意の母子は大坂へ帰るため、再び東海道の旅。長い旅である。母子は巡礼姿。誰が見ても哀しい母子であった。

その途次、母は「雪駄直《せった》し」の男性と知り合う。鉄五郎も引き取られる。しかし七歳で家出、一二歳で京都福知山《ふくちやま》の寺に入り、しかしそこもまた出て、大坂に戻り、また江戸へ行きと、放浪生活。この放浪癖が彼の人生を決定付ける。江戸で博打を覚え、喧嘩三昧の日々を送り、刃傷沙汰《にんじょうざた》を繰り返し、江戸を追われ、京へ入る。もうこの時は立派な（？）ヤクザであった。身体中に傷を負い、左手の指は二本しかなかったという。それでも喧嘩だけは誰にも負けず、みなに一目置かれる存在であった。

鉄五郎は博打・ヤクザを生業《なりわい》としていたのだから、決して賞められたものではないが、何事にも一途、一所懸命で、何よりも任侠道に生き、曲がったことは嫌いであった。この鉄五郎を「上坂音吉」という博打の親分が見込んで、親分・子分の盃を交わし、「二条新地」大文字町（京都市左京区）に一家を構えさせた。この「上坂音吉」と鉄五郎は義理の親子になったのだろうか。それで「上坂仙吉」なのか。音吉の見込んだ通り、人情味のある鉄五郎は人を魅《ひ》き付けた。子分は多く集まった。

一家を構える二、三年前に鉄五郎はある人物と会っている。文久二年（一八六二）閏《うるう》八月一日、会津藩主・松平容保《かたもり》が京都守護職に就いた。鉄五郎一八歳、容保二八歳の出会いであった。鉄五郎は会津藩の仲間《ちゅうげん》部屋の元締めと親しくなり、屋敷の出入りを許されていた。鉄五郎は会津の仲間として、治安の乱れた京都警固に当たった。彼は小柄だったので

「小鉄、小鉄」と呼ばれていた。そしていつも会津の印半纏《しるしばんてん》を羽織っていたので、「会津小鉄」と呼ばれたという。ここから小鉄の第三の時代が始まる。幼少の放浪時代、青年期のヤクザ時代を経て、彼は「会津一途」の人となる。容保のために命を賭す人となる。

松平容保は、新設された京都守護職に就くことを潔しとしなかったが、「会津藩は将軍家を守るべき存在」という家訓に背けず、しぶしぶこの職を引き受けた。しかし藩の財政は、それまでの幕府への忠誠で逼迫《ひっぱく》し、また多くの家臣を失っていた。そんな時、現われた小鉄は容保にとっては頼りになる存在であった。二人は藩主と仲間という身分を超えて、通じ合うものを感じていた。

小鉄は、「御主《おしゅう》のためなら命も惜しまず」というあの弁慶の義経への想いと同じ気持ちで容保に尽くした。しかし慶応四年（一八六八）の鳥羽・伏見の戦いに敗れ、会津の藩兵は敗走する者、殺される者、無惨な状態であった。小鉄も子分を多く死なせてしまった。小鉄は一時、京を去り、大坂に逃れた。しかしまた京に戻り、戦いで命を落とした会津藩の兵士たちの亡骸を、京都守護職の本陣があった黒谷金戒光明寺《くろだにこんかいこうみょうじ》に集め、合葬。さらに死者の遺品を官軍の目を潜《くぐ》り抜けて会津まで届けたという。その後も会津藩士たちの墓地のある金戒光明寺の塔頭・西雲院《さいうんいん》に日々の墓参を欠かさなかった。

「上坂仙吉」は、維新後も「俠客」として名をなし、明治一八年、北白川（京都市左京区）

会津小鉄の墓。西雲院境内。道を挟んでその向かい側に非業の死を遂げた「会津藩士」の墓（会津藩殉難者墓地）がある。

の自宅で死去。享年四一歳であったという。「侠客」と言えば格好いいが、やはりヤクザはヤクザ。彼の後、現在まで「会津小鉄」の名は襲名されるも、今現在は、とても町の治安を守り「弱きを助け、強きを挫《くじ》き」とは言い難い。上坂仙吉は古き良き時代の本物の「侠客」であった。

以上が、巷説として伝えられる「会津小鉄」のプロフィールである。どこまでが事実か解らないし、また巷説にも異説が多い。

今、西雲院に参ると、清浄な小鉄の墓が、実子で二代目の「上坂卯之松」とともに並んである。そして駒札――そこには、巷説とは少し異なることが書かれていた。

一つに、小鉄が大坂を出奔して江戸に逃れ、そこもまた追われ、そして京に入った、その地を「下京区三之宮通」としていること。下京区三之宮通とは、「七条新地」という花街である。

また、彼が盃をもらった〝親分〟の名を「大垣屋清八（大澤清八）」としていること。巷説では、盃を交わした親分は、上坂音吉であった。

駒札は、小鉄の末裔、孫に当たる原田弘氏が祖父のことを調べて書いたものである。著書もある。『会津小鉄と新選組』。直系のお孫さんが、調べて調べて書いたこと、誤りがあろうはずがない、と思うが。

私は小鉄という人を思う時、その幼少期を考える——母との乞食のような巡礼の旅、故郷を捨てて京に入り、〝何か〟にすがりたいと思っていた孤独な少年。そこに現われた松平容保。容保との〝情〟は、どうしても父と子、兄と弟のようなものと思いたくなる。一〇歳の年の差は大きい。容保への忠誠心が、一八歳の青年の熱い想いが「会津愛し、会津哀し」と、後に無惨に死した会津藩士たちの死体を拾い集めさせたのではないか。一八歳から六年間、会津藩士とともに暮らし、容保を助け、そして二四歳、彼は地獄を見たのである。累々と転がる会津藩士の死体を一体誰が拾い供養するのか——それは、自分しかいないと、小鉄は強く思ったに違いない。

ちなみに気になっていた小鉄の「上坂」姓は、原田氏の著書では、大坂での子供時代の兄貴分、四歳年上の「上坂音吉」の「上坂」で、後年小鉄がこの上坂音吉を名義親として「姓」をもらったからという。こちらの上坂音吉は、大坂で興行界に名を馳せた人という。

ところで、彼が最初に一家を構えたという「二条新地」あるいは「七条新地」とは一体、どういう場所であったのか。

今熊野の申楽の時——義満がいた場所

「二条新地」は、祇園新地、上七軒(北野)、「七条新地」とともに京の「四大花街」と呼ばれていた。花街の女性たちは、安政六年(一八五九)頃から七、八年の間、維新の志士や幕府方との間にあって、男性たちを大いに援助したという。かつての「花街」が遊郭、遊女屋であることに変わりはないが、今の感覚で、その様子を語ることは出来ない。侠客と暴力団の違いと同じである。

「巷説」では、小鉄は、この「二条新地」の大文字町で一家を構え、さらに北の「吉田村」や北白川辺まで、その勢力を伸ばしていたと語られる。

かつてそこは聖護院《しょうごいん》門跡領で、聖護院村と呼ばれていた(吉田神社社家「鈴鹿家記」応仁元年〈一四六七〉一二月三日の条)。通称を「白河」と言っていたようなので、小鉄の亡くなったのは、現在の北白川ではなく、ここ「二条新地」だったかも知れない。

氏神は、熊野神社である。後白河法皇が京に勧請した三熊野《みくまの》の一社に当たる。熊野神社は、熊野本宮に見立てられる。後白河法皇の前に白河上皇も熊野詣に執心している。「若王子神社文書」応仁元年二月七日付の記述に「寛治四年（一〇九〇）正月二二日に白河上皇が熊野詣をした」とある。この「若王子神社文書」が書かれた応仁の頃、室町時代、熊野信仰は京で再流行していた。その京の熊野神社（左京区聖護院山王町）を、「二条新地」の遊女たちは信仰した。祭の時は、少し距離はあるが、熊野神社の神輿は必ず「二条新地」を練り歩いたという。今は京都大学附属病院の南の傍にひっそりと佇《たたず》んでいる熊野神社は、火災に遭いながらも、平安から中世を生き延び明治中期まで、遊女たちの氏神として繁昌していた。

「二条新地」で、小鉄は次の時代を見据え「小鉄鉄道馬車会社」等の事業に乗り出すべく企画を立てていた。しかしその企画を実現に移そうとする年に亡くなってしまう。彼の葬儀には一万三〇〇〇人の人が集まったと伝えられる。

今、暴力団と化した「会津小鉄会」は、高瀬川沿い（七条上ル）に本部を構える。「七条新地」の地である。この辺（高瀬川沿いの五条から七条まで）は、現在も京都で唯一「遊郭」の面影を残す地である。俗称「五条楽園」の名は今も生きている。ほとんどの店は扉は閉ざしているが、建物は残されている。廃墟となっている家もあるが、住まわれている家もある。子供の声もする。遊郭の門（入口）には必ず枝垂《しだ》れ柳を植えたというが、さすがに柳は失われたが、川沿いに大樹が立ち並んでいる。

なぜ会津小鉄が「二条新地」から「七条新地」に移って来たかは知られないが、かつての二条新地に熊野の神が坐《いま》したように、七条にも熊野新宮に見立てられた新熊野《いまくまの》神社（東山区今熊野《いまぐまの》椥《なぎ》ノ森町《もりちょう》）がある。小鉄は神のご意志のままに動いている。

そして、ここには「七条新地」の氏神として、新日吉《いまひえ》神宮（東山区妙法院前側町《まえかわちょう》）がある。京最大の日吉山王社《ひえさんのう》である。祀る神々は近江の日吉大社に同じ。古くは「新比叡《いまひえ》」と「今日吉《いまひえ》」と呼ばれていた。新日吉神宮の氏子圏は広い。「百一ヶ町の氏神たらしむ」と『京都坊目誌』下京第二十八学区之部にある。この「百一ヶ町」の中に「七条新地」の町名が並んでいる。町名には日吉山王の神々の名が付いている。

代々、新日吉神宮の宮司を務める藤島家は御所の非蔵人職にあり、歌の家でもあった。その新日吉神宮第四八代宮司・藤島益雄氏編の『氏子地沿革と古式祭』（昭和五一年）によると、その氏子圏は、南北は五条通から塩小路、東西は東山通から河原町通に及ぶ。

町名を見てみよう。聖真子町《しょうしんじちょう》、八ツ柳町（近江日吉大社の坂本浜にある地名）、波止土濃町《はしどのちょう》（日吉大社の岩瀬に架かる石橋・橋殿橋から採った聖地としての名称）、早尾町、岩滝町、十禅師町、上二之宮町、下二之宮町、上三之宮町、下三之宮町、八王子町等々、神名と関わる地名がズラーっと並んでいる。

新日吉神宮と新熊野神社は、ともに後白河の勧請で京へやって来た。保元三年（一一五八）、上皇となった後白河は、藤原為光《ふじわらのためみつ》の法住寺《ほうじゅうじ》跡に「法住寺殿」という御所を造った。御所は広大なもので、現在の蓮華王院（三十三間堂）は御所内の一宇に過ぎなかった。その御所の鎮守として山王二十一社の神々を日吉大社から迎えたのである。永暦元年（一一六〇）一〇月一六日庚申《かのえさる》の日という。一方、新熊野神社の方はというと、これがまったく同じ年、同じ日の勧請なのである。

能楽師・世阿弥元清《ぜあみもときよ》の著『申楽談儀《さるがくだんぎ》』に「今熊野の申楽の時」とある。「能楽史」では、これはとても貴重な記事である。現在の観世流の祖が初めて京に入った時だからである。「今熊野の申楽の時」とは——。

今熊野神社で観阿弥《かんあみ》が「翁」を舞った。その時「千歳《せんざい》（翁に面を運ぶ稚児役）」は観阿弥の子・世阿弥であった。その「翁」を見物した足利義満の目に世阿弥の美しさは止まり、これ以後、世阿弥は義満の寵愛を受けることとなる。

この「今熊野の申楽の時」の「今熊野」とは現在の新熊野神社であるというのが一般的な説であった。

藤島益雄宮司は、このことについて、『新日吉神宮略記』に次のように書いている。

「文中三年（一三七四）にはじめて今熊野の地で能楽が上演されましたが、これが、今熊野、日吉坂の新日吉《いまひえ》の社での演能で、観阿弥の〝翁〟を足利義満が殊のほか賞讃したことも明らかであります。翁は近江の日吉猿楽から伝わった大切な曲ですから、この新日吉の社の社頭で演能されたわけで、これがわが演能史の第一ページを飾ったのです」

新日吉神宮では、代々、こう言い伝えられてきた。「今熊野」は、新熊野神社ではなく、新日吉神宮であった。

『申楽談儀』という書はいろいろな発見をもたらす。足利義満の愛した「高橋殿」の出自もこの書が教えた。世阿弥は『申楽談儀』に「鹿苑院《ろくおんいん》ノ思イ人　高橋殿〈東ノ洞院ノ傾《けい》城也《せい》〉」と記した。この一行で、それまで知れなかった「高橋殿」の出自がわかったのである。東洞院の六条に、確かに遊女町はあった。高橋殿は美貌と才知を備えた遊女（傾城）で、義満の寵を得てからは、その才知によって義満の政策にも介入した。「西の御所」と称され、義満没後も大いにその力を発揮した。遊女は時の権力者をも操作する呪力を持っていた。

新日吉神宮の地は、特別な地であった。新日吉の神はヤクザも遊女も抱えていた。

四　宗徳寺・あわしま明神——流されヒメと針才女

白血・長血——妃神の悲劇

京都駅から西へ徒歩一〇分の所、民家の建ち並ぶ一角に宗徳寺《そうとくじ》という西山《せいざん》浄土宗の寺がある。この寺に、京の「あわしまさん」がいらっしゃる。

あわしまさん、淡島大明神、こちらでは「粟嶋」の字を当てる。この神は女性の守護神である。もっと具体的に言うと、女性の「下《しも》の病」を治して下さる神さまである。それで「遊女」の信仰を集めた。

「あわしまさん」は和歌山県和歌山市加太《かだ》の加太浦が本家で、そこに淡島神社があり、淡島信仰はこの神社から全国に流布した。大変人気があった。今は消えた社も多いが、京の宗徳寺の粟嶋大明神は通称「粟嶋堂」の名をもって、神仏分離の後も仏さまの阿弥陀如来、虚空蔵菩薩《こくうぞうぼさつ》とご一緒に、ここにずっと坐《いま》した。

境内に入るとまず、人形たちが目に入る。市松人形、フランス人形、ぬいぐるみ、雛人形……硝子ケースにきちんと並べられた人形たち。それらはみな〝願い〟を籠めて奉納されたものである。今はあまり「下の病」のご利益を言わないが、「女性守護の神」とし

宗徳寺。かつては西洞院七条にあったというから、西洞院六条（島原の前の地）の遊郭とともに移転したとも考えられる。寺紋の芭蕉は利尿などの薬効に富む。かつて授与品であった。

て、献灯にはズラリと女性の名が並ぶ。参る人もほとんど女性。毎月の「月例祈禱会《げつれいきとうえ》」にも女性、女性、女性……。だから境内も御堂も花やかである。しかし少し前までは、暗いイメージが残っていた。元々「下の病」ということで、ここは島原の遊女たちの氏神さんであった。そこが哀しい。奉納の「長い髪」は、堆《うずたか》く積まれ、かつての黒髪は変色し、形をくずしてオドロオドロしい〝もの〟となっていた。

今の「あわしまさん」の明るさは、「下の病」を封じ、一般的な「病気平癒」を表の顔とし、さらに女性の守り神として成長、ついに安産・子授け・良縁の神となったところにある。また良縁から「恋の成就」をうたって、京の恋占の人気スポットになっている。しかし同時に、「下の病」は別の形で継承され、近隣の年配の方々の参る所となっている。

ところで「あわしまさん」、淡島大明神は、なぜ女性の守護神となったのか。こんな話がある。

淡島さまは、天神の六番めの姫君として誕生した。そして一六歳の春に住吉明神の一の后として嫁いだが、「下の病」にかかり「うつぼ舟」に乗せられ「堺《さかい》の浜」から流された。「うつぼ舟」とは、〝聖〟なるものを海や川に流す時に用いる呪箱。神の乗り物。その神の乗り物「うつぼ舟」は、流れながれて、「三月三日」という〝日〟に加太の「淡島」に漂着された。

この話は江戸時代頃に出来たというが、淡島信仰は江戸時代以前よりあった。宗徳寺の粟嶋大明神の勧請は、応永年間（一三九四〜一四二八）である。紀伊国より「あわしまさん」を勧請した僧の名は行阿《ぎょうあ》上人という。阿《あ》（弥《み》）号が付くのでこの寺は元、時宗であったのであろう。

「淡島信仰」については、折口信夫《おりくちしのぶ》が「雛祭りの話」と「偶人信仰の民俗化並びに傳説化せる道」で詳しく書いている。先の巷説とほぼ同じ内容であるが、引用してみよう。

「昔、住吉明神の后《きさき》にあはしまと言ふ方があつた。其方《そのかた》が、白血《しらち》・長血《ながち》の病気におなりになつたので、明神がお嫌ひになり、住吉の門の片扉にのせて、海に流された。其板船が、紀州加太の淡島に漂ひついた。其《それ》を、里人が祀つたのが、加太の淡島明神だと言ふのである。あはしま様は、自分が婦人病の為に、不為合《ふしあわ》せを見られたので、不運な婦人達の為に、悲願を立てられ、婦人の病気治癒の神様になられた」（「偶人信仰の民俗化並びに傳説化せる道」「八　雛祭りと淡島傳説」）

細部に少し異なるところがあるが、内容はほぼ同じである。ヒメを流した〝乗り物〟は「うつぼ舟」の方がいい。門の片扉ではあまりにかわいそう。戸板に括《くく》りつけて流すのは「四谷怪談」のお岩さんの流され方である。これでは、怨霊になって当たり前。しかし「あわしまさん」が怨霊、タタリ神とは、今は誰も知らない。

おそらくこの話、「淡島明神縁起」なるものは、淡島信仰を全国に運んだ「淡島願人《がんにん》」と呼ばれた乞食僧《こつじきそう》が、その信仰を語るために作ったものであろう。淡島願人は江戸中期に最も活躍し、昭和一〇年（一九三五）頃まで存在していたという。淡島願人の〝絵姿〟がいくつか残っている。『人倫訓蒙図彙《じんりんきんもうずい》』（一六九〇）や『絵本御伽品鏡《えほんおとぎしなかがみ》』（一七三九）には、願人が手に持つ「持ち運び式祠」ともいうべき〝もの〟が詳しく描かれている。ともに箱状の祠（神棚）を長い棒の先に固定し、その箱の下に短冊状の布片をひらひら垂らし、それを左手に持ち、右手には扇か鈴《リン》を持っている。その神棚には、雛人形、鏡、針を刺す台（コンニャク）が備え付けられている。『人倫訓蒙図彙』の図の方は女神と思われる御神体が中央に坐す。

この願人たちは、女性から櫛《くし》、笄《こうがい》、鏡、衣類、かもじ、賽銭などの奉納を受け、生計を立てた。また、古くなった針、穢物《けがれもの》を集めて回った。淡島願人は、信仰の運び手として尊い存在であったが（かつては粟嶋殿と呼ばれていた）、いつしか女性たちから物を乞うようになり、零落していった。ただ彼らが伝えたヒメ神の悲劇は、哀話として全国に根を下ろしていった。それであわしま明神は尊い女神として今に祀られている。

「あわしまさん」は神のヒメ、神の若い花嫁であったが、流されて、女性を助ける強い逞しい神となりたもうた。

針才女——牛頭天王の奥さま

「あわしまさん」を「ハリサイジョ」とする説がある。頗梨采女とも、婆利才女、波利才女、針才女等々、いろいろな字が当てられる（出典から離れた場合は「針才女」で統一す

「淡島殿」。『人倫訓蒙図彙』（1690）。淡島願人という乞食（こつじき）を「殿」と敬称するところに、この願人自体が尊崇されていたことが解る。翻る布は奉納された衣類というが、亡くなった遊女の着物の断片かも知れない。

る）。その名の音《オン》の「ハリ」から「針」が生まれ、淡島信仰の一つに「針供養」が加わった。二月八日がその日である。折れた針、錆びた針を淡島大明神に持ってゆき、コンニャクや豆腐に刺して供養してもらうのである。

京では、淡島信仰とは関係なく、三条河原町西入ルにある針屋さん（「みすや針」）が中心となってこの「針供養」を続けている。一二月八日、洛北幡枝《はたえだ》の八幡宮社、通称・針神社（かつては御所内にあったという）で行われる。ちなみにこちらの御祭神の御一人は神功皇后である。彼女は〝針〟で占い（鮎占《あゆうら》）をしたことで有名である。

ところで針才女とは、どういう女人か。

『祇園牛頭天王縁起』にそれを見てみよう。ちなみに牛頭天王とはスサノヲの命《みこと》のもう一つの姿である。

昔、異国に豊饒国という国があった。国王の名は武塔《むとう》天王といった。王には一人の皇子がいた。この皇子、怪物であった。七歳の時に背丈が七尺五寸（およそ二・二メートル）あった。頭のてっぺんには、三尺の牛頭《ぎゅうとう》があり、そこに三尺の赤い角が生えていた。その皇子の名は「牛頭」ゆえ、「牛頭天王《ごずてんのう》」と呼ばれた。成人し、王位を継承した天王は妻を迎えることとなったが、もちろん、この化け物に嫁ぎたいという女性はいない。だいたい、女人が近付かない。そんな折、狩りをしていると山鳩が飛んで来た。そして託宣。沙《しゃ》竭羅《かつら》龍王の三番めの娘に王の后となる娘がいる、と。名は「婆利采女」と言い、年は一八である、と。牛頭天王は早速、婆利采女の住む龍宮に至り、結婚する。そして八年の間に七男一女をもうける。

龍宮のヒメ・婆利采女は、なぜ妖怪・牛頭天王と結婚したのか。神のお告げだからか。巷説では「ハリサイ女」もとても恐しい女神となっている。ただ彼女は決して妖怪の姿ではなく、「容顔美麗」という。そして陰陽道の神として歳徳神の名を頂き、十一面観音の化身とも言われ、福神信仰の女神として尊ばれた。しかし江戸時代、天照大神と混同され、彼女は「偽物」扱いを受ける。「針才女を神として祀るなどとは、とんでもない」と排斥される。しかし、今でも彼女は祇園信仰では、牛頭天王の妃神として、子・八王子の母神として尊崇されている。

しかしまた同時に、じつはその御正体、蛇体であるとか……やはり、一度貼られた負のレッテルは消えない。それで理由なきまま（夫・牛頭天王のせい？）、恐い神、タタリ神という性格を与えられてしまっている。

下京区高辻通室町西入ルに繁昌《はんじよう》町《ちよう》がある。ここに「はんじょ」の伝説が伝わる（第五章の二　山王社の「未の御供」の山王宮〈日吉神社〉の一本西の通りが班女の伝承地）。

繁昌町には二つ大切なものがある。一つは「班女塚」と呼ばれる大石。これは、この地で死した若い女が鳥辺野行きを拒み、どうしても家を離れない。櫃《ひつぎ》に入れても脱《ぬ》け出してしまう。仕方なく人々が、その家の下に女の屍を埋めて塚とした。その後、その塚の周りは不気味な雰囲気に覆われ、タタリが起こり人々はこの塚近くに寄り付かなくなったというカタリである（原話は『宇治拾遺物語』「長門前司女、葬送の時、本所にかへる事」）。この塚は大石に成長し、今も健在である。班女のタタリは深く信じられていて、かつて繁昌町は「班女之町」とも言った。

もう一つは、神社である。こちらは繁昌神社という。宗像三女神を祀るというが、じつは、別名を「班女の社」と言い、「班女」を祀っているのだとも……。

コワーいタタリ神・班女の音《オン》、「ハンジョ」を「ハンジョウ」に転じて、目出度い神に仕立てたのである。しかし繁昌神社の裏の顔は「若い女の屍体」である。

また「針才女」が主祭神で、その本性は弁財天という説もある。『雍州府志《ようしゅうふし》』（一六八四）に以下のようにある。

「繁昌宮は五条の北、高辻《たかつじ》にあり。元、針才女を祀る。じつは弁財天なり。針才女というのはその音が繁昌に通じるので、今は繁昌の字を用いている。男女でともに詣でると子孫繁栄のご利益がある。それ故針才女の祭の時は『米銭《べいせん》』（米と銭）を倍、頂く」（『雍州府志』二、神社門上〈愛宕郡〉）

針才女と弁財天を同一視する説は、「流されヒメ」の「あわしまさん」と重ねられる。弁財天も「あわしまさん」も水の女神なので、混同されたのか。その「あわしまさん」と針才女がまた重ねられる。この説は、巷説であろうが、『人倫訓蒙図彙』の「淡島願人」(粟嶋殿)の説明にもある。

「あわしまさん」が針才女と結び付いた時、淡島大明神はタタリ神になったのではなく、その元々の「流されヒメ」の悲劇が、ヒメ神・妃神をタタリ神にしていた。淡島大明神の悲劇は、下の病で苦しんでお百度参りをする遊女たちを元気付けたに違いない。「あわしまさまの悲劇に比べれば、私の不幸など、大したことはない」と自分自身に言い聞かせつつ、彼女たちは祈った。

京のあわしまさん、宗徳寺の「粟嶋大明神」は、裸足でお百度を踏む島原の遊女たちをずっと見守ってきた。島原の近くに居を構えたのは、そのため？　いや先に宗徳寺があり、「粟嶋大明神」は今から六〇〇年前に、ここに祀られたのだから、それは逆。「島原」が寛永一八年(一六四一)に六条三筋町(柳町)よりここ(西新屋敷)に移って来た時、偶然にも、そこに遊女たちを守る神仏が坐した。いや、偶然も必然。神仏が遊女を呼び寄せたのである。

そうそう、こちらの仏さまについて、その御名しか記さなかったが、少し気になる仏さまがいらっしゃる。宗徳寺の御本尊は阿弥陀さまであるが、「あわしまさん」を勧請した折、一時、こちらの御本尊は虚空蔵菩薩になっていた。「あわしまさん」と十三参り（成女戒）の守護仏「虚空蔵菩薩」は、神仏一体の時代、よく御一緒にいらっしゃった。「淡島大明神」の御本地は虚空蔵菩薩である。虚空蔵菩薩はその音《オン》コクソ（木屎）から、木地《きぢ》師《し》・塗師《ぬし》の〝神〟であった。同時に〝産神〟としても崇められた。

紀伊の淡島大明神の御本地も虚空蔵菩薩である。そしてその〝神〟の使いはウナギである。ウナギを神使としている社はあまりない。京には、子授け・安産の神を祀る三嶋神社があるが、ウナギの正体、追ってゆくと、どうも「水蛇《みずち》」のようである。蛇は尊い生き物である。弁財天も頭上に頂いている。

第六章　大魔王・崇徳天皇の彷徨

「安井金比羅宮」表参道。「（金比羅宮は）下弁天町西側に在り。（略）毘沙門町。月見町の氏神たり」（『京都坊目誌』下京第二十二学区之部）。今や全国の“恋”の氏神である。

一　安井金比羅宮・祇園の御霊社――白峯神宮が守る崇徳の御陵

御陵前通――崇徳天皇の〝髪塚〟

京の花街・祇園で、再び、京の大怨霊・崇徳天皇と出会う。

死して魔王となった大怨霊・崇徳天皇の京の御陵は、京最大の観光地・祇園にあった。花見小路四条、あの「忠臣蔵」の大石内蔵助が敵の目を欺くために通ったという（実際はここではなく、伏見撞木町《しゅもくちょう》の廓）一力茶屋《いちりきぢやや》（万亭《まんてい》）を下《さが》り、右手に現われる建仁寺裏門をやり過ごして直角に左に折れると、「安井北門前通」に出る。そこから歩いて二、三分、「安井《やすい》金比羅宮《こんぴらぐう》」（安井神社）の鳥居が右手に見えてくる。そこで立ち止まる。

足許《あしもと》の道路に嵌《は》め込まれた通り名を表わす洒落た銀色の案内板に、安井北門前通と交叉する南北の細道の名が書かれている。「御陵前通」。少し坂になったその道を北へ行けば（もう見えているが）、一分も歩くことなく「御陵」に至る。扉は固く閉ざされているが、中の様子は菱形に組まれた格子戸の向こうにはっきりと見える。小石を円く積んだ上に重なるように二つの立石《たていし》。文字が刻されている。

一つは「崇徳天皇御廟所」、一つは「崇徳天皇」と読める。ほんとうにささやかな空間。樹木は植えられているが、まばら。社の杜《もり》というボリュームはない。今やサッカーの神を祀る神社となってしまった「白峯神宮」の主祭神・崇徳天皇は、ここ、祇園の地で鎮魂されていた。鎮魂者は「白峯神宮」。崇徳の月命日に、月次祭《つきなみさい》として、毎月、二一日、神事は行われている。続けられている。

「京に戻りたあ〜い、帰りたあ〜い」と京への帰還を願いつつ、その願いかなわぬまま流罪地・讃岐の白峯で非業の死を遂げた崇徳天皇は、その後、魔王・怨霊となり、京で数々のタタリを起こした。そのタタリを鎮めるべく、治承三年（一一七九）、粟田宮《あわたぐう》という名の立派な御廟が造られたその場所は「聖護院の森」という（第一章参照）。

この祇園の御陵は、崇徳天皇の寵妃・阿波内侍《あわのないし》が天皇の死後、遺髪を請うてそれをここに埋め、ささやかな塚を築いた。それが、今に残っているのだという。

〝御陵〟へとやって来た道を振り返ると、「北門通」の名の通り、門がある。崇徳天皇を祀る安井金比羅宮の北門である。

祇園には、そう、崇徳天皇を祀る有名な社・安井金比羅宮があった。それも御陵と並んであった。安井金比羅宮は「あらゆる悪縁を絶ち切り、良縁を結ぶお社」がキャッチコピーの観光神社。若い人たちが、特に女性が、願い事を記した短冊（形代《かたしろ》）を手に、石造りの大きな絵馬の下に開けられた円い穴を潜る。土曜、日曜、祝祭日は人、人、人。ズラーっと女性たちが、穴を潜るべく列をなしている。彼女たちは、一応、本殿に参ろうとはするのだが、あまりに長い列が出来るので、神社側が気を利かせて、本殿には頭を下げるだけで、鈴を鳴らして正式にお参りしなくてもよい、というような貼り紙を出している。石造りの巨大な絵馬は無数の白い短冊を貼り付けられ、今や絵馬の形状を残さず、白い「小山」のようになっている。その〝呪場〟へと、何者かがなるべく多くの人を短時間で導こうとしている。若い女性たちは形振《なりふ》りかまわず、必死の形相でその穴（魔界の入口？）を潜る。

安井金比羅宮の御祭神は「崇徳天皇」を主祭神に、天皇の流刑地の神・金比羅神（神話での神名は三輪山に住む蛇体の神「大物主神《おおものぬしのかみ》」）を配し、また後白河天皇の第二皇子・以仁王《もちひとおう》とともに平氏討伐を企てた「源頼政」を配祀している。ここは、確かに崇徳天皇の大怨霊を祀る社であった。

しかしなぜ、怨霊の社が「縁切り、縁結び」の〝神〟となったのか。「縁結び」の方は「縁切り」と対《つい》で作られたご利益である。神社の由緒では、崇徳天皇が讃岐に流される折に都との縁を総て絶ち切った、ということで「縁切りの社」となったとする。また形代が無数に垂れ下がった白い小山、社での正式名は「縁切り縁結び碑《いし》」、その碑の駒札にも由緒書きと同様の内容が記されていた。

「当宮の主祭神崇徳天皇自ら国家安泰を祈られ、もろもろ一切を断って祈願されたという故事に習《なら》い、江戸時代より断ちもの祈願のならわしが続けられ、縁切り祈願が生まれました」

このご利益、江戸時代に生まれた新しいものであった。それが人気となって、そしてこが花街ということもあって、かつても今も女性のお参りが絶えないのである。「縁切り」の〝願文〟は時にオドロオドロしく、「あの人を殺してほしい」とか、神に殺人を依頼するものもある。社としては、もう少し明るいイメージをと思ったのであろう。現代風の解釈を試みる。悪縁が切れれば良縁が来る、と解して頂こう、と。そして安井金比羅宮は「縁切り、縁結び」の神社として全国にその名を馳せることになるのである。「縁結び」が〝表〟の顔になってからは観光シーズンともなると、遠方からたくさんの参拝客がやって来る。「安井金比羅宮」は、正真正銘、全国区の神社となった。

このカラクリ、白峯神宮と似ていないか。〝表〟の顔が裏に秘されて見えなくなっているというカラクリ。ただわざわざ隠している訳ではない。表門の駒札には「崇徳物語」が詳しく書かれているし、配られる由緒書にも〝真実〟は書かれている。おそらく最初は、参拝客の方で、もう一つのご利益を勝手に成長させてしまったのであろう。さらに今では「縁切り」を超えて、ご利益の第一番が「良縁」「恋の成就」となっている。それにしても〝恋〟というものは、恐しい……。その炎、真実さえも燃やしてしまう。

「安井金比羅宮」に祀られる神々は異形の御姿である。魔王・崇徳天皇は流刑の地で「髪も爪も切らず、生きながら天狗の姿とならせ給ぞ」(『保元物語』下「新院御経沈めの事 付けたり崩御の事」)という形相であった。そして死して肉体は彼の地に置いたまま、御魂《みたま》は怨霊となって京に戻って来た。そして天狗になった天皇は、『太平記』巻第二十七に「その住み処・愛宕山で、『悪魔王』の棟梁となっていた」と描かれる。金比羅神の本性・大物主神にしてもその姿、蛇体である。

源頼政は、怪鳥・鵺《ぬえ》退治で有名な武人であり、また歌人であるが、その名・ヨリマサは「ヨリマシ」に通じ、神をその肉体に降ろす憑人であると伝承される。こちらの御祭神、三柱とも「いわく因縁」のあるタタリ神である。タタリ神だからこそ守り神となった。

それにしても「花街」、遊郭の地、ここ「安井」(毘沙門町・月見町)に坐《いま》す「コンピラさん」は、あまりにストレートに遊興の地を抱える。「安井金比羅宮」は周りをラブホテルに囲まれている。大正モダーンをほんの少し残すホテルは、もう境内に入り込んでいる。今、現在そうであるのだ。「恋の成就」を祈りにやって来た若い男女の目に、このラブホテルはどんな風に映っているのだろうか。表参道から入ると、境内に食い込んでしまっているレトロなラブホテルの前に、信じられないほどの大きな文字で、「宿泊七千円、休憩三千円」と書かれた〝看板〟を見ない訳にはゆかない。崇徳天皇はどんなお顔をして恋人たちを見つめているのだろう。

太秦・安井——観勝寺、夢の跡

ところで「金比羅宮」に冠される「安井」という地名はどこから来たのであろう。正確には「東山安井」という。元々「安井」は太秦《うずまさ》にあった地名である。「安井」の名を冠するようになるのは、元禄八年（一六九五）と新しい。それまでここは、観勝寺《かんしょうじ》という行基が整備した大寺であった。観勝寺も応仁の兵火で荒廃し、そのままになっていたが、元禄八年、右京区太秦安井にあった蓮華光院《れんげこういん》（本尊・毘沙門天）が移築され、往昔の観勝寺の面影を取り戻した。その折に、讃岐の金刀比羅宮《ことひらぐう》より金比羅大権現が勧請され、「安井金比羅宮」と通称されるようになった。しかしまた明治四年（一八七一）の神仏分離で、蓮華光院は大覚寺に移建、その後寺は失われたという。ここに大寺があったという証はその礎石で確かめられる。その礎石は八つあり、神仏の如く〝社〟に祀られている。その社の名は「八大力尊社《はちだいりきそんしゃ》」。八柱《やはしら》の神仏は礎石だが、顔を持っている。その顔は羅漢さんのように同じ表情はなく、八柱ともにおかわいらしいお〝顔〟である。神仏が一体であった頃の名残りが「八大力尊社」にある。

「八大力尊社」。八体の尊像は、御堂の柱を支えていた、つまり土の上に直に座っていらっしゃった。この尊像が支えていたのが蓮華光院という御寺である。

「安井金比羅宮」は明治六年、「安井神社」となる。北門には今も安井神社の名が石碑に刻されている。「安井」の名は、いつの間にか「太秦安井」より「東山安井」の方が有名になってしまった。「やすい」という地名は全国にあり、「易井」「易居」とも書く。この名の付く地には遊郭が多くあった。

　そして戦後、宗教法人となり、改めて古くより親しまれてきた「安井金比羅宮」を正式名称とした。親しまれてきた……そう、ここにはもう一柱、庶民と親しい神がいらっしゃる。女神さまである。弁財天である。遊女たちの神は、実はこの弁財天であった。遊女たちの信仰は、どの神よりも弁天さんにあった。
高台寺《こうだいじ》（かつての雲居寺《うんごじ》跡。能「自然居士《じねんこじ》」の舞台となった寺）辺より西へと流れ、最後に鴨川に注ぐ、菊渓川《きくたにがわ》という流れがあった。今は暗渠《あんきよ》になっている。この菊渓川は庶民にいろいろの恩恵をもたらしてきた。それで、その流れの傍に祠を設け神を祀った。その一つが、安井金比羅宮の中にあった摂社・弁財天社であった。弁財天は水辺あるいは池中の島に祀られる、蛇体と化す「水神」である。『都名所図会』巻三には、「弁天」と描かれた祠の前を川が流れている。川の流れは、雲居寺、東山雙林寺《そうりんじ》の間を経て、安井に入って、建仁寺の方丈の北を流れ、暗渠となって宮川町の北から鴨川へ注いでいた。

安井金比羅宮に入る一歩手前で、その流れは少し大きくなっていたらしい。江戸時代の地誌には「今、牛王地《ごおうじ》ノ社ノ南ノ橋大（イ）ニシテ谷河大（イ）ナリ」（『山州名跡志』巻之二）とある。

わざわざ、この部分を取り出したのは、「牛王地ノ社」というのは、八坂神社、すなわち祇園社の主祭神・牛頭天王の最初の降臨地といわれるからだ。その場所は「八坂法観寺曼荼羅」に描かれている。小さな祠であるが、大切に祀られている様子が解る。

遊女たちは「あわしまさん」の「裸足でお百度参り」と同じく、祇園社からこの「牛王地」までお百度を踏んだという。ちょうど「お百度」を踏む距離だったので、中世、すでに通り名として「お百度小路」という名があった。

安井金比羅宮の境内を見渡す。水の流れはない。弁財天社もない。いやあった。お稲荷さんの社と同居しているが、「厳嶋社《いつくしましや》」としてあった。本家・安芸の厳島神社の御祭神は〝表〟に宗像三女神《むなかたさんじよしん》を出しているが、御正体《みしようたい》は弁財天である。今も、こちらの厳嶋社へ参る女人はいるのであろうか。この一隅、人の気配がない。それでいいのだ。「厳嶋社」がここにあること、そして近くに上弁天町・下弁天町の町名があること——弁財天信仰が町名に残っていること、このことが頼もしい。ちなみに安井金比羅宮の正式な住所は東山区東大路松原上ル下弁天町である。

安井金比羅宮の、その初めは天智《てんち》天皇の御代、藤原鎌足《ふじわらのかまたり》が、藤原姓に因む〝藤〟を愛して、通称「藤寺」という一宇を創建した。寺内は藤の樹で埋め尽くされた。そして聖武天皇の御代、詔勅によって行基がその藤寺を整備・拡張、先述の「観勝寺」を創ったという。やはり境内は藤で埋め尽くされていた。歴代の天皇は、ここで〝藤見〟を楽しまれた。その中でも特に崇徳天皇は藤を愛され、近衛《このえ》天皇の即位によって上皇になると、久安二年（一一四六）、堂塔を修造して、寵妃・阿波内侍の居宅とした。そしてたびたび御幸あそばされたという。

父・鳥羽法皇との確執がなければ、弟・後白河天皇が皇位を継がなければ、保元の乱が起こらなければ、〝ここ〟は崇徳天皇の離宮として、美しさと愛しさの〝地〟であったであろう。しかし非業の死で血塗られた崇徳天皇の哀しみは、遠い讃岐の国より京に飛んで来て、数々のタタリを引き起こした。美しい藤の寺は哀しい怨霊の寺となり、そして今――再び恋の場所となっている。

――・つけたり

頼政が「讃岐院」（讃岐国で死したため、崇徳天皇は死後、この名で呼ばれた）をうたった歌が一首、『頼政集』「夏」に入っている。

ほととぎす　今はなかじと　思ふにぞ
待ちしよりけに　いこそねられね

この歌に、なぜ、頼政が崇徳の怨霊とともに「安井金比羅宮」に祀られていたかの秘密が隠されている。頼政は天皇の無念を、夏鳴かぬホトトギスに重ねている。頼政は天皇が恋しいのである。この追慕の歌をもって、頼政は崇徳とともに祀られた。

二　聖護院、積善院準提堂――人食い地蔵は人恋地蔵

人食い地蔵――聖護院の森の崇徳院地蔵

昔むかしの風景を再現するのはむつかしい。今の風景を見つつ、平安の昔にまで遡るのはむつかしい。ただ京には「怨霊案内人《あないにん》」ともいうべき〝気配〟があって、ほんの束の間、私たちに「かつて」を見せてくれる。かつての風景に導いてくれる。

「人食い地蔵」――恐しい〝名〟である。だからこそ、この地蔵は「怨霊案内人」となりうるのだ。「人食い地蔵」は、今、京の修験道の寺・聖護院《しょうごいん》の塔頭・積善院準提堂《しゃくぜんいんじゅんていどう》の境内に祀られている。聖護院？　それはどこに？「聖護院八つ橋」なら知っているけど……。そう京名物八つ橋の老舗が、「うちが八つ橋発祥の店です」と本家・本舗の看板を掲げ、軒を連ねる八つ橋通り（春日北通）ともいうべき場所の一角に、その天台系（単立《たんりゅう》）の本山修験宗大本山・聖護院はある。聖護院の〝名〟は、聖体（天皇）をお護りする寺という意から出ている。聖護院の修験者は常に天皇に付き従って、京都を守ってきた。京の神事・仏事に関わる山伏はみなこの寺より出る。祇園祭にも泉涌寺《せんにゅうじ》の塔頭・即成院《そくじょういん》のお練りにも、出る。

かつての積善院準提堂境内。祠が並ぶ。その中に「人食い地蔵」（３基の祠の中央）が坐した。2018年の大風で祠は倒壊した。

春日北通と東大路通が交叉するところ。ここはかつての「聖護院の森」の跡。西は京大病院御用達（?）の薬局が並ぶ。東が「八つ橋通り」。

人食い地蔵。大風が祠を壊し御姿が現われた。

その聖護院の塔頭・積善院準提堂に坐《いま》す石の地蔵――「人食い地蔵」――この地蔵、何者？「縁起」には、

「崇徳上皇の怨念をしずめる
　崇徳院地蔵（人食い地蔵）
崇徳院上皇は保元の乱に敗れ、弟の後白河や平清盛によって讃岐に流罪とされた。赦免も叶わず一一六四年上皇は都を呪いながら没した。その頃都では大火、疫病、飢饉が続き清盛も高熱の中で死んだ。これらを上皇の祟りと恐れた都人が慰霊の為に崇徳院地蔵尊（すとくいんじぞう）を建立したが、おそろしい出来事を背景に発音が似ている事からいつしか『人食い地蔵』と言われる様になった」

とある。つまり、この地蔵の「人食い《ヒトクイ》」は崇徳院の「ストクイン」が訛ったもので、かつては「崇徳院地蔵尊」と呼ばれていたというのだ。それが、いつしか、世間にあまりに恐しい出来事が重なったので、ヒトクイになったという。ただ「縁起」に従えば、この地

蔵そのものが崇徳上皇を表わしているのではなく、崇徳の怨霊を慰めるために、崇徳の霊に奉った地蔵尊ということになる。

地蔵を拝す。端正な御顔である。右手に長い柄の「蕾《つぼみ》の蓮華」を持っていらっしゃる。この地蔵、元は「聖護院の森」にいらっしゃった。その地には後白河法皇が建立した崇徳天皇の怨霊鎮魂の社・「粟田宮《あわたぐう》」があった。また歓喜光院《かんきこういん》・宝荘厳院《ほうしょうごんいん》等の大寺が建ち並び、天皇・上皇・法皇、貴人等の参詣でそこは大繁華街であった。しかし徐々に衰微し、堂宇伽藍は崩れ、いつしか「森」として放置されていた。繁華なさまを再び取り戻すのは、幕末に入ってからのことである。

後白河が粟田宮を造営した時は、ここは〝都市〟であった。そこに白河法皇は熊野神社を勧請し、後白河上皇は粟田宮を造営したのである。

粟田宮は崇徳天皇の御所の跡（即ち保元の乱の戦場跡）に建てられた。御所内には社もあり、社を護る寺もあり、広大な庭園を持つ花やかな御所であった。その御所の場所を具体的に言うと、「春日河原」という。春日通（現在の丸太町通）と鴨川が交叉する所である。もちろん鴨川の流れは大きくなったり小さくなったり、その形状を変えているので、「河原」と言っても現在の鴨川の河原をイメージしてはいけない。「河原」は立派な土地である。崇徳天皇の御所は鴨川の流れを景観に採り込んだものであった。その御所は、一名

「白河北殿」とも呼ばれていた。今、京都大学熊野寮の敷地内に「此附近白河北殿址《このふきんしらかわきたどののあと》」の石碑がある。崇徳の御所は元は白河法皇の御所であったので、この名がある。この石碑も立派な「怨霊案内人」である。

「人食い地蔵」は、粟田宮が廃墟となった後、崇徳天皇を慕う人々によって、その跡地に祀られたものであろう。いつ？　室町時代頃に一度、祀られ、それが朽ちて改めて江戸時代に創られたものと思われる。文字に「人食い地蔵」の名が書き留められるのは、正徳元年（一七一一）の『山城名勝志』第十三が初めてである。

「○崇徳院御影堂　旧地、鴨川東聖護院森西北車道南ニ在リ。也《また》土人ヒトクイト云《い》フ。崇徳院ヲ唱《とな》ヘ誤《あやま》ルニヤ。（後略）」

この一文を読むと人々は誤って、「崇徳院」の発音を「ヒトクイ」としていたことが解る。魔王ともなれば、人を食って、当たり前。

粟田神社末社・天満宮――「相殿に崇徳天皇を祀る」

ところで、かつての「聖護院の森」にあった粟田宮すなわち崇徳天皇を祀る社は、なぜ今、四条通を下がった「安井金比羅宮」まで彷徨《さまよ》っているのか。一説に、贅《ぜい》を尽くして建立された「粟田宮」は、衰亡の後それを憂えた人々が、各々に崇徳を祀る社を、祠を、堂を建て祀ったという。貴人も庶民もである。つまり、崇徳を祀る所は複数、同時に存在しているというのである。また「いやいや、最初の〝粟田宮〟が姿を変えて、転々としているのだ。崇徳の霊は彷徨っているのだ」。「いや、三条の上《かみ》と下《しも》で、二つの粟田宮が存在しているのだ。粟田宮には二種類の系統があるのだ」と、いろいろな説がある。

三条通で京都は上京《かみぎょう》・下京《しもぎょう》に分かれる。東西の通り・三条通を一つの区切りとするのは、「サンジョウ」という〝音《オン》〟のせいである。「サンジョウ」は山上・産所・散所に繋がる。境界の地である。

それで気になるのが、「第四章三 石清水八幡宮と相槌神社」で触れた三条粟田口にある「粟田神社」である。粟田神社は怪しい社である。その粟田神社の末社の「天満宮」に「崇徳天皇」が祀られている。なぜ？

『京都坊目誌』（上京第二十七学区之部）「崇徳院粟田宮ノ址《あと》」は、「粟田宮は近世の一時期、青蓮院の支配するところとなり、社は卜部《うらべ》氏が管理していたとある。そして『粟田神社末社天満宮の相殿』となって今に伝えられている」という。

天満宮との関係は怨霊繋がりであろうか。ちなみに京の三大怨霊は、菅原道真（天満宮）、平将門そして崇徳天皇である。『坊目誌』には粟田宮のその後のことも書かれている。曰く——真言宗の光明院《こうみょういん》（本尊・準提観音）に移ったが、そこも荒廃、その後「安井」

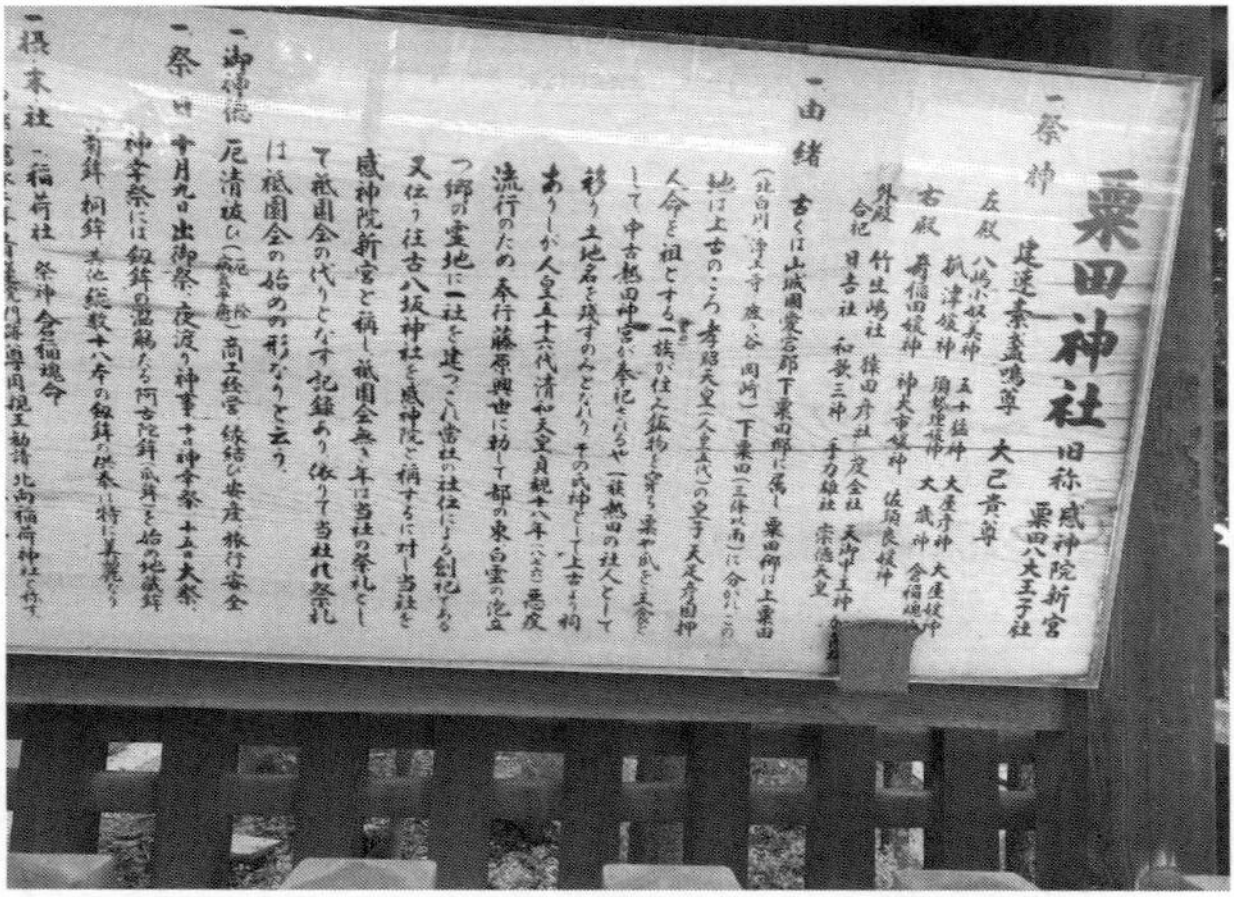

粟田神社入口に建てられた由緒板。「祭神」の一番最後に、「崇徳天皇」の文字。

に入った、と。
　つまり聖護院の森を彷徨っていた崇徳の怨霊は、三条の地で一息ついて、そしてゆっくりと、三条を下がっていったのだ。そして祇園へ。なぜ祇園？　それは「てんのうさん」繋がり。三条の粟田神社の主祭神は牛頭天王である。それで通称、粟田の「てんのうさん」。祇園の神はもちろん、スサノヲの命すなわち牛頭天王、だから同じく「てんのうさん」。「てんのうさん」は、牛頭天王から来ているが、大怨霊の一般名称と思ってもらうといい。崇徳は「粟田宮」という衣裳を粟田神社で脱いで祇園に降りて来た。「崇徳天皇」もまた「てんのうさん」である。

そして明応六年（一四九七）、光明院に入る。「崇徳天皇御廟」の復活であった。光明院は失われてしまうが、あの祇園甲部歌舞練場裏の、今、白峯神宮が管理する御廟所といわれる場所にあった。光明院は、かつては歌舞練場も含めた広大な寺域を有していた。しかし現在の「安井金比羅宮」に太秦安井より蓮華光院が移って来て、光明院は蓮華光院の下に置かれた。その後廃絶。崇徳の御廟所は、今度は六波羅蜜寺の普門院《ふもんいん》の管理となる。そして、せっかく太秦からやって来た蓮華光院も失われ、明治に入って安井神社となり、戦後「安井金比羅宮」となるのである。

「金比羅宮」の名は新しいが、崇徳天皇は死して讃岐の地で金比羅神として祀られていた。

生前の崇徳は総ての望みを絶たれ、「生きているだけ」。その御姿は妖怪。高貴な御方の零落の果ては、天狗。死しては鬼、魔王。崇徳天皇、あまりに不幸。だからタタった。しかし彼の地では〝神〟となった。そして京では、明治に入り再び慰撫され、大怨霊は大守護神となった。本当にそうだろうか。崇徳の怨霊は本当に鎮まったか。

崇徳天皇の怨霊は今も彷徨っている。怨霊は鎮魂されていない。上京の白峯神宮でも、東山の安井金比羅宮でも、崇徳は〝表〟の顔を失ってしまった。これでは鎮魂されたとは言えない。

大体、粟田宮焼失の後（実際は粟田神社に仮住まいしていたが）、誰もその復活を言わなかった。明治になって政府の意向で、明治天皇の守護神として、崇徳は讃岐から再度京へ〝天皇〟として迎えられた。そして白峯神宮に入った。しかし肝心の崇徳が守るべき明治天皇は、東京へ行ってしまわれた。「せっかく、戻って来たのに」と崇徳は怒っている。では、この崇徳の怒りを鎮めるためには、どうすればよいのか。それは、かつて栄華に彩られた〝粟田宮〟の復活にあると思う。そしてその場所が重要問題である。その場所は東京でなく京でよいと思う。京から〝天皇〟の守護神として、日本国の守護神として、呪力（パワー）を発揮すればいい。

京には崇徳天皇の怨霊が「御霊」として祀られる最大のパワースポット、呪場がある。それは御所（京都御所）である。御所の中に粟田宮（名前は御所天王社でもいい）を再建するのである。そうすることで、崇徳天皇はのちのち決して〝表〟の顔を失うことなく、大神として「日本」に鎮座し、日本の守護神となることであろう。

しかし崇徳はきっとこう言うだろう。

「その〝仕事〟、ちょっとキツそうだね。そんなに立派に祀ってくれなくてもいいよ。魔王や天狗の方がラクそう。楽しそう。〝京の魔王さん〟〝京の天狗さん〟とか呼んでもらって、愛宕山に洒落た庵でも作ってもらうといいな」

第七章　菊渓川が誘う

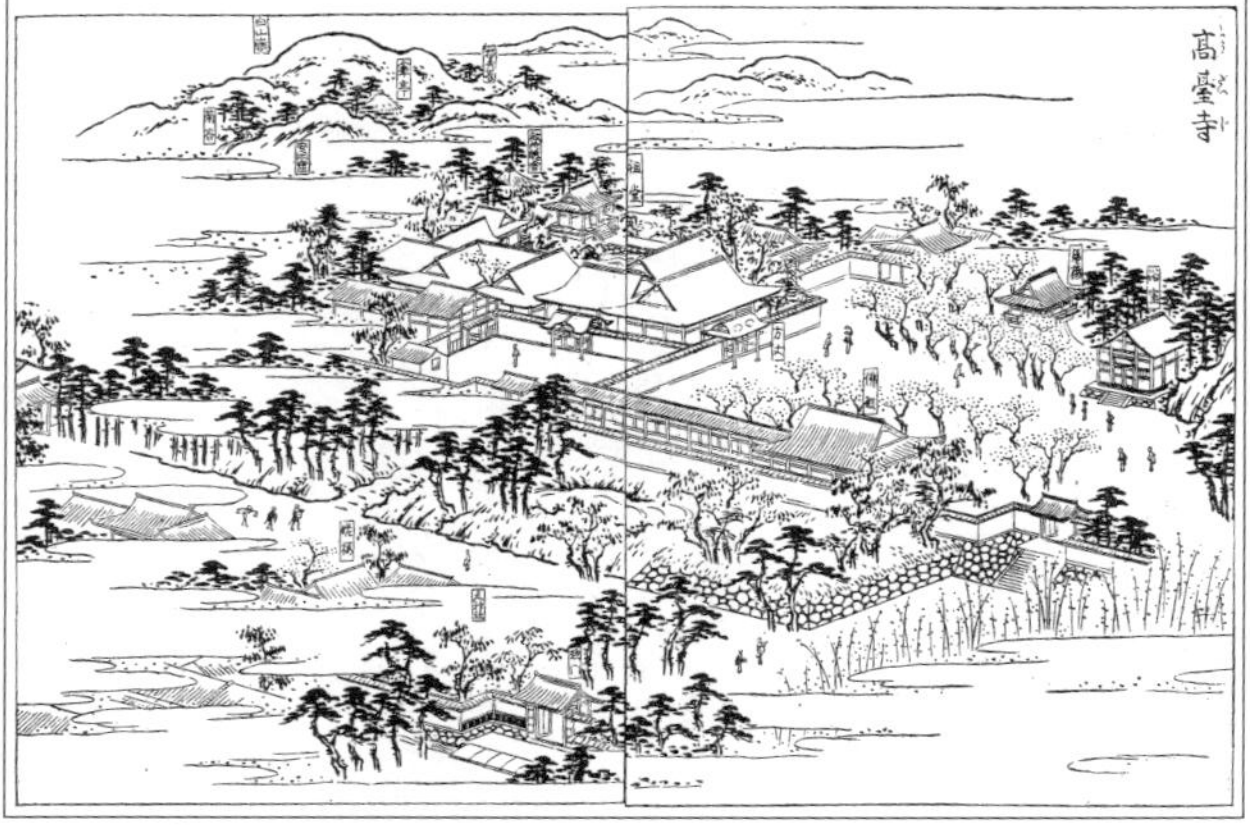

高台寺。『都名所図会』巻三より。高台寺山町と呼ばれる山の裾野まで寺域は広がっていた。手前に描かれる「天神社」は寧々が菅公を崇拝していたため、高台寺の鎮守社として勧請された。

一　雲居寺・菊渓川――下河原、菊咲き乱れる地・仙境

下河原――身を売った少女

人買い。そういう商人《あきんど》がいた。

京に貧しい一家があった。両親が亡くなり、女の子が一人取り残された。女の子は自ら身を売って〝小袖〟を買った。両親の供養をするためである。そして遠方の地へ連れられてゆく前に、両親の供養のため、その霊に経の一つも称《とな》えてもらいたいと、京は東山の雲《うん》居寺《ごじ》へ向かった。

雲居寺では、その日、法要があって説法が行われるという。「自然居士《じねんこじ》」という人が説法台へ上がった。少女は小袖を自然居士に差し出す。そして説法を聞いていた。そこへ人《ひと》商人《あきんど》がやって来て、少女を連れてゆく。

自然居士は総ての事情を察し、遠い国へ行くため近江琵琶《びわ》湖《こ》から舟を出そうとしている人商人に小袖を投げ付けて、「少女を返せ」と叫ぶ。しかし人商人は「一度買ったものを返すことは出来ない」と舟を出す。自然居士は湖に入り、舟に取り付き、離れない。人商人は最後は仕方なく、少女を解放するが、その代わりにと、自然居士に数々の〝芸〟を披

露させる。

能「自然居士」のストーリーである。自然居士は架空の人ではない。実在した。

自然居士とは何者か。その自然居士が説法をする寺・雲居寺とは、どういう寺か。自然居士は、半僧半俗の遊行の宗教者である。そしてこの名は一人の聖《ひじり》の固有名詞ではなく、自然居士という集団の名であった。「自然居士」は説法・説経をして「法華経」を説く。多くの人に「法華経」の功徳を知ってもらうため、「語り」だけでなく、人々の気を引くため、花やかな舞を舞い、羯鼓《かっこ》を打って、ササラ（竹を割いて棒でこする最も原始的な楽器）を摺《す》った。自然居士とは宗教者であり、芸能者であった。

その自然居士たちが集まる寺・雲居寺は、その名の通り、雲の上の寺、浄土に最も近い寺として信仰を集めた。しかし今はない。今はそこに高台寺《こうだいじ》がある。あの豊臣秀吉の夫人、寧々（寧子／ねね）の寺である。

雲居寺は応仁の乱で焼けてしまった。雲居寺の在った所は「下河原《しもがわら》」という。後に遊郭となる所である。下河原という地名は、その字の通り、そこが「河原」であったために付けられた。京で河原というと鴨川の河原を思うが、こちらの河原は、例の「安井金比羅宮」の弁天さんの前を流れていた菊渓川《きくたにがわ》と轟川《とどろきがわ》（源流は清水寺の上・音羽山《おとわやま》に発し、燈籠谷《とうろうだに》より起こる）の二川《にせん》が合流する地であった。今は二川とも姿を見せていないが、流れは暗渠となって、西へ西へと流れ、最後は建仁寺境内を経て鴨川に流入していた。轟川は涸《か》れてしまったが、菊渓川はまだ生きている。下河原のマンホールの下を、今もこの川は流れている。この流れ、宮川町にも入っていて、宮川町の有名な「ちりめんじゃこ」の老舗では、井を掘って菊渓川の〝水〟を頂いていているという。地元の人はこのことを知っている。そしてこの川を親しみを籠めて「きくたにがわ」ではなく「きっけいがわ」という。

菊渓川の源流の河原には、かつて黄菊が一面に咲き乱れていた。まるで不老不死を象徴するかのような「仙境」の地であったという。そんな極楽のような場所に雲居寺はあった。能「自然居士」の時代は室町時代。その頃の雲居寺の繁昌はどんなものであったのだろう。

時代は下って、高台寺の時代には遊郭ではないが、歌舞芸能に優れた娘たちが集められ、高台寺の傍らに住まいを与えられ、そこに定住していた。彼女たちは寧々《ねね》のために踊った、舞った。しかし女主を失った後の彼女たちは〝芸〟を売り歩かなければならなくなった。最初はあくまで〝芸〟だけを売っていたが、零落し、そして「下河原の舞姫」たちはいつの間にか祇園に吸収されてゆく。「下河原」、もうそこに舞姫の姿はない。

寧々が徳川家康の援助を得て、雲居寺の跡に贅を尽くした高台寺を建てたのは、下河原の景が気に入ったことと、そこが霊地であったことと、そしてそこが昔むかしから自然居

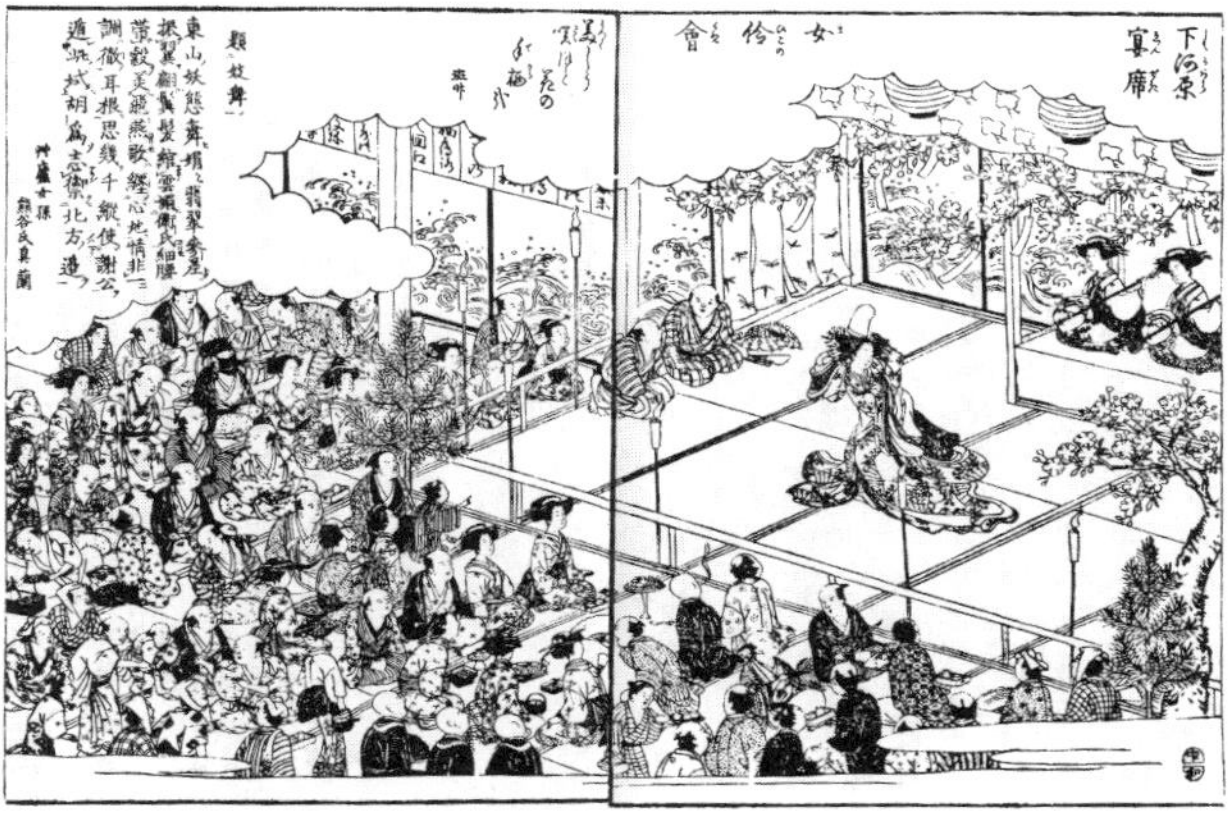

『都林泉名所図会』（1799）に描かれた「妓舞」の図。下河原町（高台寺総門の辺）、東の鷲尾町、西の上弁天町、月見町の四か町で形成された「下河原遊郭」の芸舞妓（げいまいこ）たちの晴れ舞台「舞の会」。こちらには踊りの指導者として初代井上八千代が入っている。現在の「都をどり」の原型が下河原の「まくづ踊」という。

士などの遊芸者が集う一大繁華街であったからである。高台寺と雲居寺が混乱する？

『山州名跡志』巻之二（一七一一）の記述を見てみよう。

「〇雲居寺　この寺は、現在の高台寺仏殿方丈の地にあった。応仁の乱の兵火で焼失。のち、その一部がわずかに残っていたが、高台寺建立の折、それも他に移される。開基は瞻西《せんさい》（「せんせい」とも）上人。創建年は崇徳天皇の御代の天治二年（一一二五）九月一九日」

雲居寺は崇徳天皇の御代に創建された。ただ、この寺を建立した瞻西上人という人はよくわからぬ人である。芸達者と伝えられるから、自然居士のような人であったのであろう。

また「弥勒浄土《みろく》」をこの世に出現させようとした人であった。雲居寺境内に八丈（約二四メートル）の弥勒仏を造り、野外には東山の野一面に一〇〇丈（約三〇〇メートル）の弥勒像を造ったと伝承される。そして「迎講《むかえこう》」即ち「お練り」――「この世」から「あの世」に行って再び「この世」に戻ってくるという行事――を最初に行った人として、瞻西は有名である。

東山をウロウロしていた聖たちの中には「法然房《ほうねんぼう》」もいた。あの浄土宗の祖・法然上人である。宗教者というものは、どこか怪しくなくてはいけない。フツーの人では「極楽」は語れない。瞻西は、時宗の長楽寺の住僧であった阿證坊印西《あしようぼういんせい》がその正体、不明であったように、「不明である」ということが、人々をして彼を「聖人」たらしめている。法然も瞻西も印西も怪しい人物である。

十念寺縁起――雲居寺の大仏

雲居寺には大仏が坐《いま》した。大きな阿弥陀如来である。「大仏」と言えば奈良東大寺の大仏・盧舎那仏《るしやな》が有名。それで、「南都の半仏雲居、雲居の半仏東福（東福寺の仏は釈迦如来）」、あるいは「奈良の大仏。雲居寺の半仏。東福寺の四半仏」と京童にうたわれた（『梅《ばい》

「十念寺縁起」巻下段三。1702。十念寺蔵。

花《か》無《む》尽蔵《じんぞう》』。室町中期の禅僧・万里《ばんり》集九《しゅうく》の詩文集）。『京都坊目誌』上京第九学区之部にはその大きさ（高さ）、八尺五寸（約二・六メートル）とある。つまり噂通りの「半丈六」仏である。東大寺や東福寺と比べられるほど雲居寺の大仏は有名であった。かつての雲居寺は東大寺、東福寺と同じように世間にその名が知られていた。

この雲居寺の大仏の御姿、今、見ることが出来る。上京区寺町通今出川上ル鶴山町にある西山浄土宗の寺院、十念寺《じゅうねんじ》の「縁起」に描かれる。雲居寺から、輿車《こしぐるま》に乗せられて大勢の人たちに引っ張られて、十念寺へと遷座する様が描かれている。いい絵である。物狂いの人は笹を持ち、音頭をとって阿弥陀を引く。女人はその綱にすがる。ところで雲居寺の大仏、なぜ十念寺へ。

十念寺は、後《ご》亀山《かめやま》天皇の皇子・真阿《しんな》上人の寺である。真阿は雲居寺の阿弥陀仏をどうしても寺の本尊にしたく、荒廃を続ける雲居寺よりもらい受けたのである。「十念寺縁起」の詞書には「弘法大師の真作丈六《じょうろく》（四・八五メートル）の弥陀」とある。寸法が違う？　空海では時代が合わない？

気にしない、気にしない。どちらが正解か——どちらも正しい。阿弥陀さまはとてもとても大きかった。弘法大師空海は仏を刻した。それでいいではないか。「縁起」とはそういうもの。

この真阿に足利義教《よしのり》が帰依している。室町将軍の阿弥陀信仰。「十念寺」の名は真阿が義教に十念を授けたことに依る。

真阿上人のおかげで私たちは消えた雲居寺の本尊を拝することが出来る。唯一、雲居寺の実体を捉えることが出来る。いやもう一つあった。四条大橋東角・南座の東にある仲源《ちゅうげん》寺《じ》（めやみ地蔵）に、十一面観音が坐す。この観音さん、雲居寺の塔頭・桂橋寺《けいきょうじ》の御本尊であった。その観音さまは、仲源寺の御本尊である大きなおおきな地蔵尊に寄り添うように祀られている。京の繁華街のど真ん中にある小堂・仲源寺は、線香の煙の絶えない、庶民に人気の寺である。そこにかつては東山最大の庶民の人気を誇った寺・雲居寺の仏が坐す

——この因縁。

雲居寺——極楽浄土を思わせる、黄色い菊が覆う黄金の地、大きなおおきな阿弥陀さまが坐して、自然居士が説法をし、芸を尽くした夢の地——そしてその芸を受け継ぎ、現代

風に言えばフリーの芸妓《げいこ》さん（「町芸者」と呼ばれた）、彼女たちはお声が掛かればその場に出向き、芸を披露した。踊り子たちが芸を競った地――下河原。遊行の者が自由を得た「無縁《むえん》・公界《くがい》・楽《らく》」の地。

また雲居寺には、呪術者・浄蔵貴所《じょうぞうきしょ》もいた。瞻西上人の時代よりもっと、もっと遡った時代、浄蔵貴所がいた。浄蔵は漢学博士・三善清行《みよしきよつら》の子で、あの安倍晴明が職神《しきじん》を住まわせていたという「一条戻橋《いちじょうもどりばし》」の「戻橋」の名を生んだ奇僧である。彼は「祈り殺し」「祈り生かし」の呪法を操った。それで死した父の柩《ひつぎ》が一条の橋を渡るその時、「エイッ」と柩に向かって数珠を摺ると、父は一時的に甦って、父子対面相成った、というのが「一条戻橋」の名の由来。つまり父・清行が「あの世」から「この世」に一時〝戻〟ったというので、その一条の〝橋〟は「一条戻橋」の名を頂くこととなったのである。

『京都坊目誌』下京第二十二学区之部に、

「応和の頃、僧ノ浄蔵之《これ》（天台と浄土の教え）に修法し。康保《こうほう》元年（九六四）此《この》寺（雲居寺）に入寂す」

とある。浄蔵は雲居寺で亡くなっている。

二　珍皇寺・六道の辻――小野篁の「往きの井戸」「帰りの井戸」

能「熊野」――この世の桜・地獄の桜

伝金春禅竹《こんぱるぜんちく》作の能「熊野《ゆや》」は三島由紀夫《みしまゆきお》が好んだ曲である。「熊野」を〝本歌〟として仕立てた作品は三島の戯曲集『近代能楽集』に収められている。金春禅竹作の「熊野」と三島の「熊野」では内容が随分違うが、結末はともに同じ。能「熊野」の「本物の花見」より、もっと本物の「花見」をしたという、ワキ・平宗盛《たいらのむねもり》の科白《せりふ》を三島も採っている。宗盛の見た本物の〝花〟は、桜花ではなく「哀しみに打ちひしがれた美しい女性」であった。この花よりもなお美しい人の名が「ゆや」である。なぜこの名にしたのかは知れない。ただ能「熊野」の詞章に「大悲擁護《だいひおうご》の薄霞《うすがすみ》、熊野権現《ゆやごんげん》の移ります、御名《みな》も同じ今熊野《いまくまの》」とあるので、熊野信仰・熊野比丘尼を意識しての〝名〟であると思われる。

ゆやは平家の大将・宗盛（平清盛の三男）の想われ人である。遠江国《とおとうみ》の池田の宿の長者《ちようじや》（遊女屋）の娘である。宗盛に愛され、遠い国から京へやって来た。しかし長者である母が病に倒れた。「帰りたい」とゆやは宗盛に訴えるが、宗盛はそれを許さない。そんな中で、宗盛は「花見に出掛けよう」とゆやに仕度を命ずる。花見の場所は清水寺《せいすいじ》。珍皇寺《ちんのうじ》と

「熊野絵巻（ゆやえまき）」部分。紙本著色。室町時代。行興寺（ぎょうこうじ）蔵。時宗の熊野道場・行興寺では、この絵巻で絵解きをした。能「熊野」の故郷・池田（静岡県磐田市）にあるということが大切。そしてこの絵、典型的な御伽草子の絵である。これもまた意味がある。御伽草子は女性、子供の見るもの。彼らは、この絵巻を見て「京都」に憧れた。

いう寺を目印に「六道《ろくどう》の辻」を越えてゆく聖地である。

この世と冥界を往来したという平安前期の公卿・小《お》野篁《ののたかむら》で有名な六道珍皇寺《ろくどうちんのうじ》では、寺の説明にこの「熊野」の詞章を載せている。

地〽四条五条の橋の上、四条五条の橋の上、老若男女貴賤都鄙《ろうにゃくなんにょきせんとひ》、色めく花衣《はなごろも》、袖を連らねて行く末の、雲かと見えて八重一重、咲く九重の花盛り、名に負《お》ふ春の気色《けしき》かな、名に負ふ春の気色かな

地〽河原面《かわらおもて》を過ぎ行けば、急ぐ心の程《ほど》もなく、くるま大路や六波羅の、地蔵堂よと伏し拝む

シテ〽観音も同座あり、闡提救世《せんだいぐせ》の、方便あらたに、たらちねを守り給へや

地〽げにや守りの末直《すえすぐ》に、頼む命はしらたまの、をたぎ（愛宕）の寺もうち過ぎぬ、六道の辻とかや

シテ〽げに恐ろしやこの道は、冥途《めいど》に通ふなるものを、心細鳥部山《こころぼそとりべやま》

地〽煙の末も薄霞《うすがす》む、声も旅雁《りょがん》の横たはる

シテ〽北斗の星の曇りなき

地〽御法《みのり》の花も開くなる

シテ〽経書堂《きようかくどう》はこれかとよ
地〽そのたらちねを尋ぬなる、こやすの塔を過ぎ行けば
シテ〽春のひま行く駒の道
地〽はや程もなくこれぞこの
シテ〽車宿《くるまやど》り
地〽馬留《うまとど》め、これより花車《はなぐるま》、おりゐの衣はりまがた、飾磨《しかま》のかちぢきよみづ（清水）の、仏のおん前に、念誦《ねんじゅ》して、母の祈誓《きせい》を申さん

「六波羅の、地蔵堂」とあるのは、現在の六波羅蜜寺である。詞章は地蔵の次に観音を登場させる。この謡曲の作者は、空也の寺が、地蔵堂から発したことを知っている。また西光寺と名を変えた時の御本尊が十一面観音ということを知っている。それで、表の観音と裏の地蔵とを並べて、病に伏すゆやの母への想いを切々と語るのである。切々と語るのだが、背景に桜の花盛りがあるので、どこか花やかな雰囲気がある。桜花が妖《あや》しい。ここには死と生が同時存在している。

「をたぎの寺」というのは、今の愛宕念仏寺《おたぎねんぶつじ》である。御本尊は西方の極楽浄土に坐《いま》す阿弥陀さまである。そして、「六道の辻」が出て来る。ここに、この〝辻〟に地獄の主・小

野篁の珍皇寺はあった。今もある。

小野篁と閻魔大王——清凉寺山内・薬師寺

「六道」即ち地獄への道案内をする寺が、珍皇寺であった。こちらの御本尊は、薬師如来。ただ小野篁と言ってもいい。閻魔大王とご一緒に坐す。元々は各々に堂を持っていらっしゃったが、今は閻魔《えんま》大王《だいおう》と小野篁は同じ御堂に並んでいらっしゃる。そして篁には脇侍がいる。小鬼である。目を輝かせて指さしている。この小鬼の名は、地獄の走り使いをする獄卒鬼《ごくそつき》。衣冠束帯《いかんそくたい》の篁と小鬼の組み合わせは奇妙である。それにしても珍皇寺の小野篁の木造立像は立派である。とにかく大きい（カバー帯ウラ参照）。

小野篁は官人であった。「この世」で普通に働いていた。しかし夜になると、珍皇寺の境内にある「往《ゆ》きの井戸」から地獄に往き、そこで夜の仕事をしていた。そうして、夜が明けぬ前に、洛西の嵯峨《さが》清凉寺山内《せいりょうじさんない》にあった福生寺《ふくしょうじ》の「帰りの井戸」から「この世」に戻って来たという。福生寺は今は失われたが、この伝承と小野篁像は同じく清凉寺山内にある薬師寺が守っている。ちなみに薬師寺の現在の御本尊は、寺名通り薬師如来であるが、こちらも篁刻という「生《しょうの》六道地蔵尊像」をまるで御本尊の如く手厚く祀り、供養をしている。篁像もある。こちらのお像は小柄である。そしてなにより薬師寺では篁の「生」と

「死」の日々の往還の話が大切に語られている、このことがうれしい。珍皇寺を「東山の死の六道」、福生寺を「洛西の生の六道」と言って、「篁物語」をして下さる。ところで、地獄で篁はいったい、どんな仕事をしていたのであろう。それは亡くなった者のその後の行き先の〝決定〟という。閻魔さまと同じ仕事である。「あなたは極楽へ」、「お前は地獄へ」と彼は亡者を指さして「あっち」へ、「こちら」へと言うのである。だから篁は亡者たちにとってとっても恐い人（？）である。詞章の「げに恐ろしやこの道」は、当時の人々にとって地獄は本当に存在していたということを表わしている。六道の辻はさぞ恐かったであろう。

しかしそれでもなお能「熊野」の道行《みちゆき》には、なぜか花やいだ風がある。母の死に目に会いたいと、しかし主はそれを許さぬと、さらにその哀しい時に〝花見〟に出掛ける、その道行――辛い哀しい、切ないはずなのに――そうやはり、この花やぎは桜のせいである。〝春〟という魔の季節のせいである。

そして最後、宗盛はゆやの帰郷を許すのだが。

シテ〽あら面白の花や候、今を盛りと見えて候ふに、なにとておん当座《とうざ》などをも遊ばされ候はぬぞ

（中略）

地〽清水寺《せいすいじ》の鐘の声、祇園精舎を現はし、諸行無常の声やらん、地主権現《じしゆごんげん》の花の色、娑羅双樹の理《ことわ》りなり、生者必滅《しようじやひつめつ》の世の慣らひ、げに例《ためし》あるよそほひ、仏ももとは捨てし世の、なかばは雲に上見えぬ、鷲《わし》の御山《おやま》の名を残す、寺は桂《かつら》の橋柱《はしばしら》、たち出《い》でてみねの雲、花やあらぬ初桜《はつざくら》の、祇園林下河原《ぎおんばやししもがわら》

シテ〽南を遥かに眺むれば

地〽大悲擁護《だいひおうご》の薄霞《うすがすみ》、熊野権現《ゆやごんげん》の移ります、御名《みな》も同じ今熊野、稲荷の山の薄紅葉の、青かりし葉の秋、また花の春は清水《きよみず》の、ただ頼め頼もしき、春もちぢの花盛り

この詞章は正に「面白の花の都」をうたっている。先の「六道の辻」の道行と同じく名所尽くし。花やかな「京都案内」となっている。

しかし最初に書いたように、宗盛の花見の花は、「面白の花の都」の清水寺の鎮守社・地主権現の桜ではなかった。「哀しみの中に凜とした気品を見せる美女」であった。

思うに、ゆやは本当に帰りたかったのか。母の許へ行きたい想いはあるが、京の春を置いて東国へ本当に戻りたかったのか。ゆやもまた、宗盛以上に、この「面白の花の都」を楽しんでいるように見える。能「熊野」の詞章ははずんでいる。ゆやもまた満開の桜に幻

惑されている。だから宗盛はゆやの帰郷を許すのである。

三　清水寺の子やす物語――観音信仰と地蔵信仰

胴一つの双子の赤子――清水観音の守り神

六道珍皇寺は松原通《まつばら》に面してある。松原通はかつての五条通。秀吉の頃、新五条通が出来て、松原通は、ささやかな通りになってしまった。しかし京を語る時、この松原通は外せない。ここにはぎっしりと京の物語が詰まっている。松原通の物語の道は「五条天神《ごじょうてんしん》」に始まり、清水寺まで続いている。

六道珍皇寺に小野篁《おののたかむら》が祀られているのは相応《ふさわ》しい。篁には、「この世」と「冥界」を旅した人という物語の他に、もう一つ異形の「物語」がある。妹との近親相姦の物語である。「近親相姦」というと道祖神《どうそじん》が思い出される。道祖神誕生秘話には「近親相姦」の物語が必ず背後にある。松原通の「五条の道祖神」では、和泉式部《いずみしきぶ》とその子・僧道命《どうみょう》の母子相姦が語られる。「母と知らず」「子と知らず」に結ばれ、後に互いに事実を知り、運命を呪うのであるが、そのきわどい〝性〟の呪力でもって、境の神・道祖神は魔を払っている。

清水寺の「子やすの塔」が伝える物語に「子やす物語」という御伽草子がある。ザーっとは、こんな話である。

この物語は「清水の子やすの地蔵」の奇瑞を説いたものである。その内容、あまりに奇怪なことなので、末の世に伝えるために書いておく。

「年七〇あまりの尼」が蓮華王院（現三十三間堂）の西に住んでいた。この人の父は前《さき》の大納言「みちむねきょう」と言って、貴い身分の御方であった。しかしある人の讒言《ざんげん》によって筑紫に流罪、その船中で亡くなった。娘は世を憂い、出家し、尼となった。

そして月日は過ぎ、娘は老いた。七〇ばかりになった頃のある日、夢を見た。寝ている枕の傍らに美しい壺が置かれ、その壺には「閻魔大王」よりの手紙が添えられていた。手紙には「歌」が書かれていた。その内容は――「子どもを授ける」とあった。

尼の夢、覚めて、尼はいつもの通り、仏前で勤めをしていた。すると傍らに、あの夢に出て来た壺が置かれている。それから少し経って、「えいまん元年六月七日」という日に、老尼は子を産んだ。生まれた赤子は、胴体一つ、頭二つ、手四つ、足四つの奇形児であった。老尼は驚き、恥ずかしく思い、「この年で子を産んだのだから、異形の子であるのは仕方ない。捨てようか……いや、この子は閻魔さまからの授かりもの……」と思っている間に、子はすくすくと育っていった。そして壺は「甘露の壺」、汲めどもくめども尽きぬ美酒が湧いた。そして異形の双子の男の子・女の子は〝母〟にとても孝行であった。時経て、この奇怪なること、帝の耳に入る。帝は「急ぎ、奇態の兄妹を連れて参れ」と勅命を出す。帝は、

「この子たちは奇態である。だからこそ客人《まれびと》即ち〝神〟である。この子たちは清水の千手観音の守り神としてこの世に誕生したのである。おろそかに扱ってはならない。そうだ、男の子には位を授けよう。今からは六位の少将と名告《なの》りなさい。女の子は『しゆせんの前』と呼ぶことにしよう。そして砂金千両、綾錦千反を捧げよう」

と、双子の兄妹を尊《たっと》ぶ。

この兄妹、一四歳になると夫婦となり、一五歳の時には玉のような姫君を生む。この姫君、一三歳になると時の帝の后となり、王子を懐妊（この王子は後の土御門《つちみかど》天皇である）。そんな幸福の中、二人はある日、忽然と姿を消す。

奇形の双子、実は、清水の結びの神と地蔵菩薩の化身であった。

もちろん、この話は、二人に幸福ばかり運ぶのではない。残酷な、残虐な扱いもされる。双子の兄妹は、大いに苦難を舐《な》める。例えば、ある時、世に災いがはびこり、タタリ

が起こった。するとそれは、この異形の双子のせいであるという巷説が流れ、あわや「三条河原」で斬首。そこに清水の観音現われ、二人を助ける。そのような苦難を経て、二人はその御正体である神仏の姿を現わす。男の子は結びの神とあるので、地主権現の神であろう。女の子の方は「子やす堂」の地蔵菩薩で、この子の呪力は「安産」と、そして「眼病」とある。それで、女の子は「子やすの地蔵」の名とともに「めやみの地蔵」の名を持っている。

この話、「清水観音縁起」の一つであるが、あまり表立っては語られない。表向きの「子やすの塔」の縁起は、聖武天皇の皇后・光明皇后が清水の観音に安産祈願をして、女の子（後の孝謙《こうけん》天皇）を得たので、その御礼に「塔」を寄進した。それが、今の「子やすの塔」、即ち泰産寺《たいさんじ》であると語られる。

ところで、合体した双子の兄妹、その胴は二つに分かれたのだろうか。それは語られていない。

治水の「めやみ地蔵」——洪水神を祀る

御伽草子「子やす物語」——この物語の主役は地蔵である。清水寺の千手観音信仰は地蔵信仰を内包している。

泰産寺（子やす堂）は古くは地蔵を本尊とし、三重の塔の一階に祀られていた（現在は千手観音）。この地蔵もいえば「鳥辺野の地蔵」である。六原《ろくはら》（六道の辻）の地蔵である。六波羅蜜寺の「鬘掛《かずらか》け地蔵」や宝福寺の「南無地蔵」とはファミリーである。みな死者を冥途に送る役割を担っていた。各々にすさまじい物語を抱えているが、その御顔は穏やかである。清水の地蔵尊の御顔は、もう拝することは出来ないが、「この世」に美人と化して出現したのだから、さぞや美しい容顔であったのであろう。

京は大原、百井《ももい》の里の思子淵《しこぶち》神社（思子淵神は水の神）の御祭神は女神さまである。「見てはなりませぬ」の女神さまを秋祭（湯《ゆ》上《あげ》祭）に拝させて頂いた。地蔵さまであった。里の人は、「そう、子安地蔵とも言います。思子淵神社の御神体です。だからやっぱり女神さん。美人でしょう。龍神女神が正式名です」とおっしゃる。それでいい。

仲源寺の「めやみ地蔵」と桂橋寺千手観音。『京童』巻第一。かつてはご一緒に並んで坐した。

水の神、川の神――この女神の地蔵尊、どこかで既に会ったような――そう、四条大橋東、「南座」のお隣りに坐《いま》す仲源寺《ちゅうげんじ》の「めやみ地蔵」に似ている。紅白の綿帽子を被っていらっしゃるところがそっくりなのである。

「綿帽子は、洪水を鎮める呪物」という。三条河原近くの安倍晴明ゆかりの寺、法城山心光寺《しんこうじ》にも、この御姿の地蔵尊がいらっしゃる。

仲源寺「めやみ地蔵」の由来は諸説あるが、この近くにかつて、中国の夏《か》の洪水神・禹《う》を祀る「禹王廟」があったことと「めやみ地蔵」は大いに関係する。「禹王廟」は鴨川の洪水を治めるために祀られた。心光寺もそうである。その山号「法城山」の「法」は「水」が「去」るの呪語。「城」は、水が去って「土」が「成」るという呪語。安倍晴明の命名である。鴨川沿いに立ち並ぶ「寺」は、多く「法」の字を付けた。袋中上人《たいちゅう》で有名な通称だんのうさん、「法林寺《ほうりんじ》」もそうである。「水去る」の呪語は、人々に眼病平癒というご利益をもたらした。それで仲源寺の「めやみ地蔵」は、一名「ご利益さん」とも呼ばれる。それほどに、洪水——水が暴れるということは自然のもたらす脅威であり、人々は「祈る」しか、その恐怖から逃れることは出来なかった。

清水の「子やす地蔵」のご利益の「眼病平癒」は、こちらの「めやみ地蔵」と通じている。「子やす地蔵」のもう一つの名が「めやみ地蔵」と知っている人は少ない。昔むかし、人々は病の中で最も「眼」の病を恐れた。失明を恐れた。光を失うことは生死と関わった。

清水の「子やす地蔵」は、〝表〟は安産の神として、〝裏〟は冥途への案内人として、そして何より眼病平癒の〝神〟として厚く信仰された。

第八章　開成皇子「胞衣伝承」と光孝天皇「盲人伝承」

清荒神。正式寺名は護浄院。河原町丸太町上ル西入ルの荒神口に鎮座。

一　清荒神・護浄院――開成皇子刻

桓武天皇の兄――桓武天皇の王子

目が見えぬ――「盲目」の恐怖を私たちはどれほど知っているであろう。

開成《かいじょう》皇子、この皇子の名、知っているだろうか。桓武天皇の異母兄である。開成皇子は北摂《ほくせつ》（大阪府北部）では有名である。高槻《たかつき》市や茨木《いばらき》市の山々は多くこの皇子によって拓かれ、寺が建てられ、仏が造られた。開成皇子は山林修行者、修験者である。そんな。あの桓武天皇、京都に平安京を造営し、今は平安神宮に〝神〟として祀られる、誰もがその名を知っている、その桓武天皇のお兄さんが、修験者などと……。〝天皇〟になったかもしれない高貴な人が、山に入り、呪術者、修験・山伏になるとは……。

今から一二五〇年前の宝亀三年（七七二）、（開成）皇子が摂津の勝尾山《かちおざん》（現大阪府箕面《みのお》市）で修行中、突如、荒神《こうじん》が出現した。その御姿は、八面八臂《はちめんはっぴ》の鬼神であった。皇子は、その「荒神尊」の御姿を自ら刻し、出現の地「清《きよし》」に祀った。それでこの荒神さん、「清荒《きよしこう》神《じん》」という通称を持つ。

この神は「悪魔払い」の神で、粗末に扱えばタタリを為すが、大事大切に敬えば幸福を

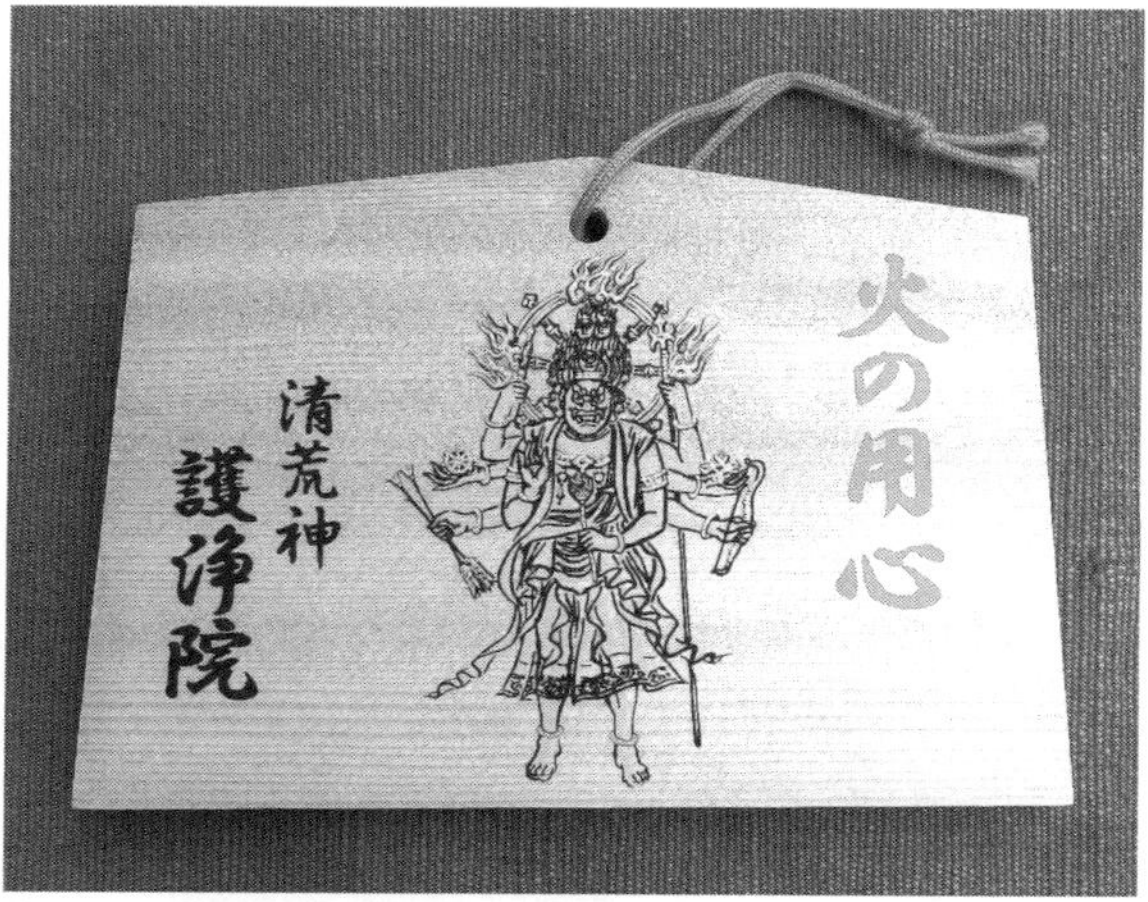

絵馬。開成皇子刻の「荒神尊」の御姿。

もたらすという（「清荒神御由緒」）。

勝尾山で開成皇子によって刻された日本最初の荒神さん、「清荒神」は今は京都にいらっしゃる。河原町丸太町上ル「荒神口《こうじんぐち》西入ル」に坐《いま》す。荒神口は、ほぼ、京のど真ん中と言っていい。河原町通を北へ上《あが》ってもらって、丸太町通を越え、今出川通に至るまでにある。かつては立命館大学の広小路学舎が目印であった。東に鴨川、西に御所という、一等地に立つ。

しかし、なぜ、北摂の神が京へ、そしてこの「荒神口」という京の繁華街に？

清荒神では以下のように伝える。

「清荒神」は室町時代、後小松天皇の勅命で京へやって来た。後小松天皇の荒神に対する信仰は厚く、勅使を遣わして常々お参りしていた。しかし「荒神が祀られる地は山中で、勅使を遣わすのにも不便である。それで是非、京にお招きしたい」ということでいらっしゃったのである。明徳元年（一三九〇）のことである。

荒神さんは最初、高辻通堀川の東にご遷座された。桓武天皇の地に、その兄が刻した「悪魔払いの神」、怨霊を退散させる〝神〟がやって来て、京の都を護って下さることになったのだ。一説に開成皇子は桓武が若き日、美しい少女と恋をして生まれた桓武の御子とも言う（『拾遺往生伝《しゅういおうじょうでん》』三善為康《みよしためやす》著、長承元年〈一一三二〉成立）。ならば開成皇子、捨てられたのか。赤子の時、山に捨てられたのか。どちらにしても開成皇子は「貴種流離譚《きしゅりゅうりたん》」を背負っている。開成皇子、その人が怨霊になっても不思議はない。

開成皇子刻の荒神さんは山を下りて、京の都へやって来た。そして長い戦乱の一時代を経て、後陽成《ごようぜい》天皇より「皇居守護のため東南の地に遷座せよ」との勅命あって、現在の「荒神口」の地にやって来た。慶長五年（一六〇〇）のことである。この折、天皇より寺名を賜わる。「常施無畏寺《じょうせむいじ》」。京にやって来た荒神さん、ますます天皇の信仰厚く、特に霊元天皇・東山天皇の御代は、荒神の御本地・不動明王の護摩供《ごまく》「不断修行」が盛んに行われた。元禄七年（一六九四）には、「こちらの荒神尊は、御所の浄域《じょういき》を護《まも》る」ということから、「浄」と「護」を採って寺名を常施無畏寺から、現在の「護浄院《ごじょういん》」とするよう勅命があった。

そして明治になって天皇が京を離れる折、御所に坐した神仏が、どっとこちらにやって来た。その中でも恵美須神《えびすしん》は特に有名である。今は、弁財天とともに「尊天堂《そんてんどう》」にいらっしゃる。こちらの弁天さんは立像で美しい。ただ脇侍《わきじ》は恐い、変わっている。魔王尊《まおうそん》と烏天狗《からすてんぐ》である。ちなみに魔王尊とは鞍馬寺の御本尊である。こちらの魔王尊は羽根を持ち、頭に白狐《びゃっこ》を戴《いただ》いている。ともに江戸末期の作というが、何とも頼もしい脇侍を美しい弁財天さんは持ったものである。

ところで荒神さんは庶民にとっては、どんな神？　どんな仏？　荒神さんの「経典」には奇妙なことが書かれている。意訳すると以下のようになる。

「私たちが胎児だった頃、胞衣《えな》というあたたかく柔らかい膜に包まれていました。これはじつは荒神さんが化身《けしん》したものなのです。そして、胎児から赤子となってこの世に生まれても、荒神さんは片時も私たちから離れることなく安楽を与えて下さるのです」

胞衣とは、「後産《あとざん》」と言って、赤ん坊を産み落とした後に出て来る、胎児を包んでいた卵膜《らんまく》と胎盤のことである。胞衣は不浄のものとして汚物の扱いを受けた。それで「後産」自体が不浄とされ、家を汚さぬようにと、御産はかつて家の外にしつらえられた産屋《うぶや》で行われた。身重の妊婦は出産が近付くと川向こうの産屋に移るという風習もあった。

「光格天皇御胞衣之松」、松が「胞衣塚」の目印であった。

その胞衣、高貴の方のものとなると、土に埋められ「胞衣塚」と称して信仰の対象になった。天神さん、道真の胞衣塚は有名である。特に天皇の胞衣塚は霊性が高い。その胞衣が荒神さんの化身であるという。〝ここ〟には「光格天皇の御胞衣塚」がある。

荒神さんのご利益はたくさんある。そしてそれは、盲僧が語って歩いた。

盲僧が祀る——荒神祓いと琵琶

目を患うということは、その昔は命に関わることであった。ただ目を患って盲目となると特別な〝力〟がその人に宿った。強い呪力が降《お》りた。その人たちは、神より与えられたその呪力を職掌とした。まずは

「ハラエ・キヨメ」の呪術を発揮した。その折、彼らが奉じた〝神〟が荒神さんである。

「荒神」さん——私たちの一番身近な荒神さんは「竈《かまど》」の神として知られる。それで年に一度、「荒神祓い」「竈祓い」と言って、盲僧に「竈」をキヨめて頂いた。今はその「竈」がないので、台所の火の周りを、盲僧ではなく、神主さんが御幣《ごへい》を振って清める。しかしこの風習も、今は殆《ほとん》ど残っていない。かろうじて福井県小浜の祇園社・広峰神社では、まだこの風習を残していて、古風な所作でフツーの台所を御幣と祝詞でキヨめて歩く。なぜ祇園社なのか。

盲僧の経典『仏説地神大陀羅尼王子経』上巻に、

「荒神答へて曰《いわ》く、偽《いつわ》る可《べ》きにあらず、吾《わ》れは如来の現身《げんしん》たりと云《い》へ共《ども》、先に牛頭天王《ごずてんのう》と現れて、悪魔降伏《ごうぶく》す」

とある。荒神は自らの正体を明かす。「我は牛頭天王である」と。そして悪魔払いをする、と。この経文を称えて歩いたのが、盲僧であった。

なぜ盲僧が「荒神祓い」をするのか。このことを明確に教えてくれるのは五来重《ごらいしげる》の次の言葉である。

「盲僧が荒神祓をするということには、本来盲人の宗教的機能に鎮魂のはたらきがあったと推定されるので、祟りやすい火の神の怒をしずめ、災をはらうという荒神祓は盲人にもってこいの仕事であった。盲人は生産はできないが、人一倍つよい霊感と霊能で、巫術《ふじゅつ》と咒術《じゅじゅつ》に生きる道をもとめることはできた」（『日本庶民生活史料集成』第一七巻「民間藝能」盲僧琵琶　解題）

柳田國男《やなぎたくにお》は、荒神を最も単純で、かつ最も由緒を知りにくい神として「サイノ神、山ノ神」とともにその名を挙げている（「山民の生活」）。また同じ箇所で、「荒神も三寶荒神など と云って今は竈の神のように思われて」いるが、地方では山の神、野の神、荒野の神と言っている。また天白《てんぱく》（陰陽道の太一《たいいつ》から出た。天の主神の意）ともいう、と。

これに対し折口信夫は、荒神と盲僧との関係を壱岐《いき》でのフィールドワークノートに次のように記す。

師のん房《ボ》（地神盲僧）

今でも春秋二季に、いゝ、しのんぼと言う盲僧が来る。廻る先々は、株の様になってうけ持ちがきまっている。但《ただし》、今では大分自由になって、どの家所属というでもない盲僧もある。此《この》廻る事を「荒神ばらい」という。荒神ばらいには琵琶を伴う処からして、「座頭の琵琶」とも言うている。

魔王尊（右端）。弁財天の脇侍。頭上に白狐を乗せている。

この一文から、「荒神祓い」をする盲僧は、楽器の琵琶を持っていたということが解る。

荒神信仰は奥が深い。この盲僧の仕事を理解しなければ、荒神さんの本当の御正体《みしょうたい》はわからない。盲僧の住す寺では多く琵琶の守護神・弁財天を祀った。弁財天を中心に、脇侍が「三宝荒神」と「堅牢地神《けんろうじしん》」というのが最も一般的な祀り方である。

また薬師如来との関係も語られる。その中で、京の因幡堂の薬師如来が文安年中（一四四四〜一四四九）、その呪力によって「宇田勾当《こうとう》」という盲人の目を治したという「霊験」が語られる。この薬師如来と盲僧の関係が重要なのである。盲僧は〝神事〟の後、琵琶を弾いて物語を語った。その盲僧のカタリを「浄瑠璃《じょうるり》」という。薬師如来の浄土「浄瑠璃世界」の「浄瑠璃」から来ている。

一般に「浄瑠璃」の起源は、小野の於通《おつう》という女性宗教者が、「義経と浄瑠璃姫」の恋物語を語ったことから発したというが、薬師如来の霊験譚から始まったという説が正しい。『平家物語』をカタった「平曲《へいきょく》」よりずっと以前に「浄瑠璃ガタリ」はあった。その証拠に、盲僧は寺院に属して生計を立てる者であったが、その仕事は寺院の宣伝である。それで寺の縁起や仏の霊験譚をカタって歩いた。その初めが薬師信仰をカタることであった。なぜなら盲僧は開成皇子の〝血〟を引いているからである。開成皇子の系統にあるからである。盲僧の呪力は修験のものである。山の神は一名「峰の薬師」と言う。つまり、修験・山伏の信仰は薬師信仰から始まっているのである。それが盲僧の呪力となった。開成皇子は一つに盲僧の祖であった。

「盲人開眼の功徳のある薬師の本地や霊験をかたる説経がまず『浄瑠璃がたり』となり、説経とはちがった語り口や節付《ふしつけ》の語り物が浄瑠璃として独立したものとすれば、宇田勾当と因幡薬師の伝説は、小野お通と牛若伝説よりもはるかに真実性があるとおもう」

（五来重、前掲書）

開成皇子の物語は、盲僧によって語られ、開成皇子刻の「荒神尊」は、盲僧によって京へもたらされた。
ただ、今、護浄院に盲僧の存在はない。

二　聞名寺——盲目の天皇を祀る

光孝天皇と盲人——人康親王の兄宮

盲目の天皇がいた。第五八代・光孝天皇（八三〇〜八八七）である。仁明《にんみょう》天皇の第三皇子・時康《ときやす》親王として生まれた。

光孝天皇は、関白・藤原基経《ふじわらのもとつね》の意思によって皇位に即《つ》いた。いわば基経の傀儡《かいらい》である。しかもその即位は五五歳と遅く、さらに在位三年で病となり、その年、亡くなっている。〝正史〟は、この天皇は特別に何かをしたということもなく、『古今和歌集』に歌が二首収められていること以外、特に書くべきことはないという。

ところが伝承の世界では、光孝天皇はとても重い役を担っている。盲目の貴人と言えばまず「蟬丸《せみまる》」が挙がる。蟬丸は醍醐天皇の第四皇子である。もう一人、光孝天皇の弟宮に当たる「人康《さねやす》親王」が有名である。光孝天皇の弟宮ということは仁明天皇の第四皇子であるので、蟬丸も人康親王も、通称「四《し》の宮《みや》」と呼ばれる。ただ二人とも皇子であるが〝天皇〟にはなっていない。

盲目の天皇というと、三条天皇（冷泉天皇の第二皇子）が有名である。この天皇は悲劇の天皇である。その病ゆえ、叔父・藤原道長に嫌われて再三譲位を迫られる。結局、第一皇子敦明《あつあきら》親王の立太子を条件に譲位を承諾するが、その翌年、死去。四二歳の生涯であった。この三条天皇が盲目であったということは、『大鏡』第一巻「帝王物語」に書かれている。そしてその治療に苦心したことが切々と綴《つづ》られる。

その治療というのは、薬師《くすし》・医者立ち会いのもと、天皇を外へ連れ出し、風の強い日に氷水を掛けて身も凍る思いをさせたり、呪者に「物怪《もののけ》」を呼び出させ、天皇の〝首〟に乗らせ、左右の羽根で叩いたりするというものであった。

三条天皇は何とも原始的な治療を施されていたものである。それでも治らぬので、ついには呪者に「これは悪霊が取り憑いているためだ」などと言われる。その呪者の名が記される。桓筭《かんざん》という。桓筭とは醍醐天皇の時代の叡山の僧で、憤死したため、物怪となって代々の天皇に祟ったと伝えられる人物である。

光孝天皇も『大鏡』に描かれるが、病の記述はない。では、光孝天皇が盲目であったという話は、どこから発生したのか。

「光孝天皇盲目説」は、京都の聞名寺《もんみょうじ》が抱える物語である。現在の聞名寺は、一遍の時宗（大炊道場《おおいどうじょう》として名をなした）の寺であるが、その昔は、光孝天皇が親王時代、お過ごしになっていた小松殿《こまつどの》（室町大炊御門大路《おおいのみかどおおじ》）という御所であった。聞名寺の地蔵尊の縁起を見てみよう。

仁明天皇の第三皇子・時康親王が〝聖眼〟をお患いになった。あらゆる医師・薬師が手を尽くしたが、一切効果がなかった。このうえは神仏に頼るより他ないと――眼病治癒の神である加茂明神の坐す「賀茂社」に、（一七日《いちしちにち》、七日間）お籠もりになられた。するとある夜の夢に、加茂明神が化した老翁が現われて、「あなたの目の病を治すためには、地蔵菩薩を刻し、その地蔵尊を守護仏としていつも身に付けていれば、眼病は必ず治るでしょう」というご託宣を得た。親王は早速、慈覚大師円仁《じかくだいしえんにん》に命じて、地蔵菩薩を刻させ、御念持仏となされた。すると、光を失った聖眼に光が戻ってきた。それで、その御念持仏・慈覚大師刻の地蔵尊を「明眼《めいげん》地蔵大菩薩」と名付け、大切にお祀りした。眼病快癒した時康親王は、人皇第五八代光孝天皇とならせ給うた。その後、崩御にあたり、光孝天皇の第七皇子で第五九代天皇となった宇多天皇に、親王時代に暮らした小松の御殿を寺となし、明眼地蔵大菩薩を本尊として祀るよう遺言された。これが、「小松院聞名寺」の始まりである。

また光孝天皇は自身の病が癒えると、「自分のように光を失って苦しんでいる者たちを助けたい」と、六条左女牛《ろくじょうさめうし》に、盲人たちの住まいを作り、生計の立つよう、芸能を学ばせたと伝えられる。住まいは療養所のようなもので、芸能とは琵琶を弾いて、〝語り〟をなすことであった。

この「光孝天皇と盲人」の話、かなり具体的なカタリである。実際、六条左女牛には後に源氏の神となる左女牛八幡宮があった。源氏の邸もそこに造られた。そしてこの左女牛八幡宮は盲人たちの〝神〟となった。左女牛のことは『梁塵秘抄口傳集《りようじんひしようくでんしゆう》』巻十四にも、こう記されている。

「仁安（一一六六～一一六九）の頃、左女牛に盲人たちが住み『今様』をくずしたような歌をうたって生計を立てていた」

盲人たちが左女牛で集団生活を営んでいたことは有名であったらしい。時代はぐっと下《くだ》るが『都名所図会』巻二（一七八〇）に同様の話が記載されているところをみると、江戸時代までその風は続いていたのである。『都名所図会』には「洛陽の左女牛に長屋を建て養ひしこと」とある。ただ、この盲人たちの療養所を作ったのは、光孝天皇御自身ではなく、その姫君（雨夜内親王《うやないしんのう》）としている。つまり眼を患った病の人を、光孝天皇の御子《みこ》としている。

ところで、この「左女牛」とはどういう意か。『都名所図会』では童子《わらわ》言葉で「盲目」

を表わすという。

盲僧の祖――〝天皇〟であること

盲人は特別な呪力を持っている。盲人は琵琶を弾いて語り、それこそ「音曲」で、カタリで〝病〟を癒した。疫病を退散させた。その盲人の祖が光孝天皇である。

聞名寺の寺伝以外、「光孝天皇盲目説」は出てこない。ただ、あまりに有名なその弟君の「人康親王盲目説」は、一体、何を言おうとしているのであろうか。単に〝天皇〟を盲目とすることは、畏れ多いということか。それで天皇の眼病を、その弟、あるいはその御子・姫君に持っていったのか。

しかし「荒神祓い」「悪魔払い」をする盲僧の〝祖〟は〝天皇〟であらねばならなかった。スメラミコトという最も尊い存在であることが必要であった。

ただ、哀しいかな、「光孝天皇が盲目であった」というカタリは消されてゆく。それでもなお天皇が、我が身と同じ苦しみにさまよう盲人たちを助けようと、彼らの住む場所を作り、さらに生計を立てるための惜しみない援助をした〝証《あかし》〟は残っている。これは消すことが出来ない。確かに現在、左女牛に長屋はない。盲人の集団もいない。琵琶法師のカタリもない。

聞名寺の門の「明眼地蔵大菩薩」の大提灯には「光孝天皇」の文字が。

光孝天皇供養塔（向かって左）。七重の石塔に説明板は付されないが、
みな、この石塔が“何か”を知っている。

地蔵堂。中央の菊の御紋で飾られた御厨子の中に地蔵尊は坐す。

しかしその昔から今に至るまで、時宗聞名寺は、この「光孝天皇盲人説」を大切に守り、眼の病に苦しむ人々を、光孝天皇の御念持仏・明眼地蔵大菩薩で救いとろうとしている、この現実。このことが何よりの「天皇が盲目であった」という証である。だからこそ、円仁刻のその地蔵尊は必ずや光孝天皇の御念持仏でなくてはならないのである。

聞名寺に参る。門に吊り下げられた大提灯に、まず「光孝天皇」の文字と「御念持仏」の文字を見る。その小さな二つの文字に挟み込まれるようにある大きな「明眼地蔵大菩薩」の文字。そして門を入ると、真正面に本堂（時宗の本尊・阿弥陀如来坐像が祀られる）、本堂の入口右に七重の石塔と十三重の石塔がある。一基は新しいが、古びた一基は室町時代のものという。そしてこの室町の七重の石塔は光孝天皇の供養塔と伝えられている。また本堂には光孝天皇の御位牌も大切に祀られているという。

地蔵堂は本堂に向かって右、門を入るとすぐのところにある。明眼地蔵大菩薩の厨子の扉は閉まっている（毎月二四日に御開帳がある）。一六弁の菊の御紋で装飾されている、その厨子の扉が開かれると地蔵尊とともに光孝天皇の御魂《みたま》にも出会えるような気がする。明眼地蔵大菩薩の御姿は半跏思惟《はんかしゆい》像である。

聞名寺にも琵琶法師は来たのであろうか。「（左女牛より）聞名寺へ座頭の出仕ある事なり」と『京童跡追《きょうわらべあとおい》』第一（一六六七）は書く。また続けて左女牛の盲人が杖をついて光孝天皇へまいるとある。聞名寺は、今は東大路仁王門にあるが、その前は三条寺町にあった。六条通の左女牛より、三条通の寺町に、盲人たちは、光孝天皇の御姿を求めて、杖を突き突き参ったのであろう。明眼地蔵尊に参ったのであろう。

三　左女牛八幡――眼病平癒の霊地

眼病と八幡――鍛冶の翁

左女牛八幡がそうであったように、「八幡」の神は目の神である。しかし、八幡の神さまの御利生《ごりしよう》に、〝目〟の病を治す即ち「眼病平癒」があることは、あまり知られていない。ただ柳田國男は繰り返し「眼の病」と八幡との関係を説く。

「生目《いきめ》八幡は日向《ひゆうが》以外に、豊後《ぶんご》にも薩摩《さつま》にもあった。そうして眼の病を祈る八幡はそればかりではないのである。そういう幽《かす》かな名残を止むるのみで、今は由緒の伝えらるるものがなくとも、これを盲人の神に仕えた証拠とすることは、もう許されるであろうと思う」（柳田國男『一目小僧その他』「目一つ五郎考」「生目八幡」）

京の左女牛八幡はこの生目八幡宮の系統にあった。

生目八幡宮の総社というべき「八幡」は九州宮崎市大字生目《いきめ》にある。現在の社名は、生目神社。「八幡」がとれている。祭神は応神天皇と平（悪七兵衛）景清《かげきよ》である。こちらの「社」が「目の社」として信仰を集めるのは「景清」伝承から来ている。敗将となった景清は自ら両眼を抉《えぐ》り、源氏への怨念を封じたという。盲目となった景清は、流れ流れて、日向のこの地、生目（生目という地名は景清伝承の後に付いたのであろう）にやってきて亡くなった。その景清がくりぬいた眼を祀ったのが、こちらの生目八幡宮であった。なぜ、八幡宮だったのか。「景清神社」でもよかったのに（同様の伝承を抱える熱田《あつた》〈名古屋市〉では、その社の名を「景清社」としている）。

「左女牛井」。『都名所図会』巻二。湧水は観光名所となっていた。

八幡信仰の根本に、鍛冶の翁と三歳の童子の信仰がある。八幡神の御正体は、翁と童子の合体の御姿であった。鍛冶の翁は〝片目〟が傷付いている。炉の中の火を見るたびに目を傷付けていたのである。この鍛冶の翁をもって、「八幡」から目の信仰が生まれた――柳田もそう語っている（鍛冶師が隻眼《せきがん》という信仰は世界分布である）。柳田は「宇佐の大神（宇佐八幡宮）もその最初は鍛冶の翁として出現された」と書く。

宇佐八幡宮の芸能「細男《せいのお》の舞」の歌詞に、「ひとめの神」という言葉が出てくる。「ひとめの神」とは、「ひとつめの神」、天目一箇《あめのまひとつ》神《しん》即ち金属神のことである。

天目一箇神は、「八幡」の神ではない。しかし、この目の神、どうも童子神のようである。「八幡の三歳の童子」と天目一箇神は重ねられる。宮崎の「生目八幡」の鎮座する「亀井山《かめいやま》」は、景清伝承が入る前より「眼病平癒の霊地」としてあったのではないかと柳田は言うが、確かに、この地では昔むかしより亀井山より湧く霊水が眼病を治すと言い伝えられて来た。この水を掬《すく》って、目を洗うも良し、この水を沸かして茶を淹《い》れて飲むも良し、ということで、「眼病平癒」の霊水は「茶の湯」にも用いられた。京の左女牛《さめがい》井の湧水も茶の湯の数寄者に寵愛された。

かつて左女牛に在った左女牛井の水は眼病に効く霊水と評判であった。それで〝ここ〟に光孝天皇は盲人の長屋を作ったのである。そして天喜五年（一〇五七）、後冷泉天皇の勅命によってこの地に石清水八幡宮より御分霊が勧請され、それ以来、左女牛八幡宮、あるいは、若宮八幡宮の名の許《もと》に、こちらの八幡は盲人たちの〝神〟となった。ただこのことを証明するものは何もない。しかし、江戸時代の地誌に、それははっきりと書かれているし、何より『梁塵秘抄』に「左女牛の盲人共」とあるので、左女牛に盲人が集住していたことは確かなことである。

左女牛に盲人はいた。そして「今様」くずれとも言うべき「音曲」で生業《なりわい》を立てていた。九州の生目八幡宮の盲僧は「景清」を語ったであろう。この「カゲキヨ」という名――「カゲ」も「キヨ」も憑人《よりまし》を表わす言葉である。

若宮町にある「若宮八幡宮」即ち「左女牛八幡宮」の地。この角、曲がれば……。

「若宮八幡宮」。旧地。現在は東山五条に移転。

人康親王は光孝天皇――「四の宮」の意味

左女牛八幡の起源をまとめてみよう。

その昔、この地に霊水が湧いていた。その霊水は眼病に効あり、と目を患う人々が全国よりやって来た。中には長逗留する者もいた。

同じく目を患っていた光孝天皇は、その人たちのために、そこに宿所を作った。その宿がいつしか盲人の住む長屋となった。その後、目を癒す神が勧請された。その神が石清水よりやって来た八幡神であったので、盲人の宿所に祀られる神の社は左女牛八幡宮と呼ばれるようになった。

そして光孝天皇は盲人にその身分を保障するため官位を与えた。盲人たちはそれに感謝し、毎年二月二六日は「積塔会《しゃくとうえ》」と言って、河原に出て石を積み報恩したという。また六月二四日にも「涼《すずみ》の塔」という弔《とむら》いをした。

ただ、繰り返すが、「正統な伝承」では、盲人たちの〝祖〟は光孝天皇ではなく、光孝天皇の弟宮・人康《さねやす》親王である。「四の宮」である。以下に記すのは、「盲人の祖は人康親王」と書かれた一文である。

駒札は「左女牛井」の変遷を語る。井は左女牛八幡の若宮町からは離れてしまった。現在は堀川通に面して西本願寺の北に、その面影をしのぶ。

祖神由来の事
一　祖神天夜の尊《みこと》と申し奉るは　人康親王の御事なり　抑《そもそも》この尊は人王五十四代仁明天皇第四の皇子　光孝天王御同腹の御弟なり　此《この》宮始ハ弾正尹《だんじょういん》に被任《にんぜられ》尹の宮とも申す　又常陸《ひたち》の大守を兼給ふ故常陸の宮とも申す
後に洛陽東山科の御所に御座します故山科の宮とも申すなり（『奥村家蔵　当道座・平家琵琶資料』一九八四）

この「資料」の所有者は京都市中京区烏丸通丸太町下ルに住した奥村俊郎氏であった。俊郎氏は「波多野流検校奥村充《まさ》懐一《かねいち》」の曾孫に当たる。奥村家は平家琵琶を伝えることはもちろん、異本『平家物語』やその周辺の貴重な資料を所蔵してきた。

この資料、よく読めば、人康親王は完全に光孝天皇と重ねられている。「常陸の大守」、常陸宮というのは「光孝天皇」のことである。おそらく最初に書いたように「天皇を盲目にするとは畏れ多い」ということで、天皇の弟宮として「人康親王」という〝皇子〟が創り出されたのであろう。またその御子でもよかったので、「人康親王」を光孝天皇の第一皇子とした資料もある。奥村家蔵の「雨夜尊《あまよのみこと》」の題を持つ巻子本の初めに、

「雨夜之尊を検校座の元祖と仰ぐこと　雨夜の尊は光孝天皇の第一の御子にて渡らせ給ひしか　盲目とならせ給ゑり……」

とある。

「雨夜尊」とは、人康親王が亡くなられて〝神〟となった時の〝名〟である。人康親王は光孝天皇の第一皇子だったのか。

しかし人康親王の異名「四の宮」を忘れてはいけない。現在、京都の山科《やましな》に四ノ宮という地があって、そこに「人康親王」が祀られている。「四の宮」という名称は避けられない。仁明天皇の第四皇子の「四の宮」という意味以外の大切なものが、この言葉には仕舞われている。

山科四ノ宮の旧家・四宮《しのみや》家は人康親王のご子孫という。今もいらっしゃる。そして奥村

家同様、「四の宮」に関する書物をたくさん蔵していらっしゃる。その中でも『四宮殿伝記　異伝付完』は、人康親王という人を知るための第一級資料である。そしてこの四宮家は、「四宮社」、現在の諸羽《もろは》神社の宮司を代々務めていた。

四　諸羽神社と「四宮社」――天孫降臨伝承と人康親王

四宮社の名が消えた――両羽大明神から諸羽大明神へ

京都山科の「しのみや」は、現地名としては「四ノ宮」と書く。界隈は旧東海道の面影を残す地である。マンションや新築の住宅、コンビニエンスストア等々が立ち並ぶ間々に旧家がまだある。

そして「京阪山科」駅から「四宮」駅までの間にズラリと「人康《さねやす》親王」の遺跡・伝承が並んでいる。

人康親王を祀るという諸羽神社を訪ねる。仁明《にんみょう》天皇の第四皇子・人康親王を祀るので、この社はその初め「四宮社」と言ったという。ただ肝心の諸羽神社が伝える「四宮社」の名称由来は違う。「四宮社」という社名は、ニニギの命《みこと》とその父母を祀る山科にある岩屋神社の「一の宮」に対しての「四の宮」であったことから付けられた名称という。

琵琶石。諸羽神社・本殿に向かって左に祀られる。「この石上に安座ましまして琵琶を弾じ」(『四宮殿伝記』)。

大体、諸羽神社の御祭神に人康親王はいらっしゃらない。現宮司も人康親王のことは語らない。ところが本殿傍らに、しっかと人康親王の愛した「琵琶石《びわいし》」が祀られている。琵琶石は、人康親王が、この石に座って(石は水中に置かれてあったとも伝えられる)琵琶を弾《ひ》いたとか、人康親王が亡くなって「天夜命《あまよのみこと》(雨夜尊、天世命とも記す)」という〝神〟になられた時、その供養のため、琵琶法師たちがこの石の上に、九つの石を積んで、石の呪力で天夜命を弔ったとか、色々に言われる。琵琶法師の祖となった人康親王とこの〝石〟は切っても切り離せぬ関係にある。

それにしても諸羽神社はなぜ「人康親

王」を物語らないのであろう。諸羽神社の御祭神はとても古い神である。本殿には五柱《いつはしら》の神を祀るが、かつて主祭神は、二柱の神であった。天児屋命《あめのこやねのみこと》と天太玉命《あめのふとだまのみこと》である。この両神は「天孫降臨」の折、赤子のニニギの命に付き添った神である。

中臣氏の祖・天児屋命と忌部《いんべ》氏の祖・天太玉命は、まだ生まれたばかりの赤ん坊を〝おくるみ〟（真床覆衾《まどこおぶすま》）に包んで、大切に抱いて地上に降《くだ》った。二人は生まれたての柔い赤子を落としてはいけないと、随分と気を遣ったことであろう。諸羽神社の由緒書には「そもそもこの二柱の神は天孫降臨左右補翼の神たるが故に両羽《りょうは》大明神という」とある。元々は二柱の神であったが、その二柱の神を一つの神に見立て、両羽大明神と呼んでいた。

ところで、肝心の天孫降臨の物語の主人公・ニニギはどうして祀られないのか。現在の本殿の中心に、二柱の神・両羽大明神に両脇を護られ、まるでこちらの主祭神のごとく坐《いま》すのは石清水八幡宮より勧請された「八幡宮」である。「八幡宮」が中央の神となるのは、後柏原《ごかしわばら》天皇の御宇《ぎょう》永正《えいしょう》年間（一五〇四～一五二一）というから、時代は神代《かみよ》から室町時代まで一気に下るが、そこに意味がある。「室町」という時代、神はとても自由であった。そして室町人は、神仏を深く信じた。室町、この社に降りてきた「八幡宮」とは？

同じ頃、やはり石清水より勧請された「若宮八幡宮」も祀られている。諸羽神社では「八幡宮」を応神天皇、「若宮八幡宮」を応神の皇子・仁徳天皇とする。ただ、この「八幡宮」と「若宮八幡宮」に応神・仁徳父子の名を与えるのは後のこと。だから今でも、とりたてて応神・仁徳の名は言わない。聞かれれば「そういう風に明治以降、言われています」と答える程度である。

この社、いつの間にか二柱から六柱の神々を祀ることになった。それで「両羽」の名は「諸羽」に改称されたという。この諸羽神社のご由緒では、人康親王が御祭神として入る要素はない。しかしここは「四宮社」ではないか。なぜ？　人康親王は消えたのか。

諸羽神社は琵琶石で、やっと人康親王と関わる。ただ、この石の存在を除くと、「ここに盲目の親王がいらっしゃいましたよ。その御方は仁明天皇の第四皇子ゆえ、それでこの社、古くは〝四宮〟と言ったのですよ。その古名は決して、一の宮に対する四の宮から出た名ではないのですよ」とは言えなくなる。

諸羽神社の一の鳥居、その石の鳥居に〝名〟が刻されていた。「明治十六年四月吉日士族　四宮平太郎　石工　藤田○吉」――そう、前項でも記した『四宮殿伝記　異伝付完』を所蔵する人康親王の子孫・四宮家は、その〝名〟を石の鳥居に留めている。「士族四宮平太郎」。諸羽神社は間違いなく四宮社であった。

『四宮殿伝記』を読んで、四ノ宮に出掛けると不思議な感覚に襲われる。「伝記」に書かれている遺跡が、今も総て一つも失われずに残されているからである。「総てある」とい

現在の四宮地蔵（山科地蔵）。小野篁刻の一寸八分の地蔵は民家の庭に埋もれていた。それを霊験あらたかということで「四辻」に堂を建て祀ったのが始まり。「地蔵の井」とともに祀られる。篁刻の地蔵尊はこの地蔵の首の辺に籠められている。

うことに逆に怪しさがある。「徳林庵《とくりんあん》」（四宮氏の末裔の南禅寺《なんぜんじ》の住職を勤めた雲《うん》英《えい》大和尚の庵）、「地蔵尊」（小野篁刻。四宮善兵衛の願いで元禄一三年〈一七〇〇〉以降徳林庵が守る）、「足摺《あしずり》池《いけ》」（人康親王の山荘にあった池）。もちろん、琵琶石の話も記される。そしてその説明はとても詳しい。深い。例えば小野篁刻と伝えられる地蔵尊（四宮地蔵／山科地蔵）は、都の出入り口で魔を払った「六地蔵」の一体であるというが、現在の地蔵尊は定朝《じょうちょう》作で、小野篁刻の地蔵尊は一寸八分（約五・五センチメートル）と、とても小さいものであった。篁の地蔵は、現在の地蔵尊の御首の所に安置されていると、『四宮殿伝記』には記される。

加茂の神と地蔵尊――「三の宮」と「四の宮」

「四の宮」、この言葉は成長する。シノミヤの音からシク→シュクの音が出《い》で、宿神《しゅくしん》という〝神〟が誕生する。宿神は一言で言えば「境界」の神なのだが、この神を祀る人々を追うと、「四の宮」のもう一つの姿が浮かび上がる。

「四の宮」と呼ばれ、眼を痛め、盲目となり、盲人たちに〝神〟と崇められた「人康親王」と同様の伝承を持つもう一人の貴い御方――醍醐天皇第四皇子・蟬丸《せみまる》。異説だらけのこの人は、「平家琵琶」の祖と崇められてきた。

「蟬丸は架空の人物だ」でもよいのだが、民衆はそれを許さない。蟬丸を神とする。しかもその神となるストーリーが「貴種流離譚《きしゅりゅうりたん》」という、民衆が最も愛する、貴い御方が零落するというカタリである。その〝哀れ〟が蟬丸の呪力となっている。蟬丸を〝神〟へと押し上げている。

「蟬丸伝承」は「人康親王伝承」とそっくりだと言ったが、蟬丸が神となるための試練は「人康親王」に比べてあまりに残酷である。「これでもか、これでもか」というほどにむごい。異説多い「蟬丸伝承」の最も有名なカタリを「謡曲」の『蟬丸』でザーっとカタってみる。

蟬丸は醍醐天皇の第四皇子として生まれたが、生まれた時より両眼の光を失っていた。異形の子は宮中を追われる。山に捨てられる。その捨てられる場所が、近江と京の境界の地・逢坂山《おうさかやま》である。そして剃髪、乞食僧《こつじきそう》となる。持ち物は、笠、蓑、杖、そして盲目の日々を慰めてくれる琵琶である。

天皇の御子から一気に乞食に。住まいも宮中から山中へ。蟬丸の悲劇はこれだけでは済まされない。蟬丸には姉がいた。名を逆髪《さかがみ》という。醍醐天皇の「三の宮」である。姉もまたその妖しい名が表わすように「髪の毛」が逆立つという奇病にかかり、御所を出る。そして弟宮の住むという逢坂山に「弟に一目会いたい」と狂うてやって来るのである。そして再会。そして別れ。

と、謡曲『蟬丸』は語る。背後に琵琶の音が聞こえる。この琵琶という楽器は何を表わすのか。この楽器は「平家琵琶」以前からあった。「平曲」を語る前の琵琶法師たちがすでにいた。彼等は神に仕える盲人であった。なぜ、琵琶と盲人が結び付いたのか。それはおそらく「水の信仰」であろう。「荒神祓い」をした盲僧たちは、水の女神で芸能の神である弁財天を信仰していた。この女神の持ち物、採り物《とりもの》が琵琶である。

山科の「四宮」の物語は「四宮河原」での出来事である。「河原」という場所に「四の宮」の意味がある。河原は逢坂山の〝山〟と同じく、乞食僧や病を得た者の特権的な

〝場〟であった。そこには「宿神《しゅくしん》」が坐した。

宿神は境界の神であり、芸能の神であった。芸能というのはその初め、神を喜ばすための手段《てだて》であった。つまり神事であった。

ところで、「宿神」（シュク神は守宮神とも守瞽神とも、職神、十宮神、十九神とも書く）の御姿とはどんなものであろう。これもまた色々に言われるが、一つにとても小さい神という。柳田國男は「毛坊主考」（「夙《しゅく》の者と守宮神との関係」）で、宿神を、

「守宮神という神は『諸道の神』であった。その姿は七、八歳の小童であった。蹴鞠の神は幼い童の姿で猿に似ていた。また安倍晴明に仕えていた式神も『小さな神』であった」

と描く。

「七、八歳の小童」「幼い童の姿で猿に似ていた」――宿神はやはり幼神・御子神《みこがみ》のようである。ニニギの命のような赤ん坊かもしれない。

盲僧・琵琶法師の〝神〟は、幼い〝皇子〟がいいのである。若い親王がいいのである。天皇になれなかった天皇の御子がいいのである。しかし同時に皇子・親王の背後に〝天皇〟がいるということが大切なのである。

では、聞名寺が抱える「光孝天皇伝承」はどうか――光孝天皇もまた「時康親王」とい

聞名寺・明眼地蔵大菩薩。伝慈覚大師円仁刻。

う「皇子」時代に眼病となっている。そして加茂の神のご託宣を得て、病は平癒する。

聞名寺の地蔵尊・明眼《めいげん》地蔵大菩薩はじつにお優しいお顔をしている。まるで光孝天皇即ち「時康親王」のお顔を写したような。

「人康親王伝承」・「蟬丸伝承」に「光孝天皇伝承」が入ると、この奇瑞のカタリの謎が解けてくる。複雑に絡まった糸がほどけてくる。光孝天皇は、仁明天皇の第三の宮、人康親王は第四の宮、この関係がそっくりそのまま逆髪と蟬丸に当てはまる。逆髪は醍醐天皇の第三の宮、蟬丸は第四の宮。謡曲『蟬丸』のシテ（主人公）は、実は逆髪である。『蟬丸』の古名は「逆髪の能」という。「逆髪」は、その音《オン》から「坂神」で、やはり境界の神即ち「宿神」である。

「諸方ノ座頭此《こ》ノ塔前ニ来《きた》リ平家ヲ語ッテ回向《えこう》ヲナス」（『山州名跡志』巻之二十）。

聞名寺の光孝天皇の供養塔に、盲人たちは『平家物語』を語って奉祀した。このこと一つとってもやはり天皇は盲人たちの〝神〟であった。光孝天皇はこの「盲目物語」のシテなのである。

第九章　「うつぼ舟」と「流され神」

神輿の絵馬。中御座（なかござ）、牛頭天王が坐す。明治36年は、翌年に「日露戦争」を控えた年。

一　三条・大将軍神社――鵺の森と源頼政

「ギオンさん」――神輿を担ぐ人たち

「夜」の「鳥」、「鵺」と書いて、ヌエと読む。顔が猿、胴体は狸、尾は蛇、手足は虎という怪鳥で、なぜかたびたび宮中に現われ、天皇を襲った。

鵺が宮中に現われただけで、天皇は胸が苦しくなる。堀河《ほりかわ》天皇が襲われた時は、源　義家《みなもとのよしいえ》が弓を鳴らして、その音で追い払った。近衛《このえ》天皇が同じく鵺に悩まされた時、義家の智恵にならって、「弓矢の上手」に鵺を退治させることとなった。選ばれたのは源　頼政《みなもとのよりまさ》である。頼政は得意の弓術で鵺に矢を命中させ殺した。その鵺の骸《むくろ》は、「うつぼ舟」に乗せられ淀川に放たれた。舟はゆっくりゆっくり流されて、摂津の芦屋《あしや》の浦に着き、その地で埋葬された。これが芦屋の「鵺塚」である。

なぜ怪鳥は天皇を襲ったのか。そして頼政に殺されたのか。こんな話がある。

鵺の正体、実は頼政の母という。母は息子の出世を願い、鵺と化して宮中に入り、天皇を狙った。怪鳥を息子が討ち取れば大変な手柄になる。母子は「打ち合わせ」をして、弓矢での「鵺退治」に及んだという。母は息子のためなら命も捨てるということか。そんな馬鹿な？　母が怪物になるなんて。

福井県小浜市矢代《やしろ》では、この「母が鵺に化けて息子を出世させたのだ」という伝承が今でも語られる。

また柳田國男の「巫女考《ふじょこう》」「傳説《でんせつ》と習俗」では、この伝承は愛媛県のものである（『松山雑記』）。

柳田の叙述は詳しい。まず頼政の母は人間ではない。伊予《いよ》の山中の池に住む「大蛇」であった。頼政は零落して母の里に住んでいた。母は我が子を何とかして世に出したいと企んだ。それで、妖怪となり、天皇を悩ませた。天皇が憎かった訳でも、天皇を恨んでいたのでもない。ひたすら息子の出世を願って、それなら〝天皇さん〟と、企んだのである。子は母の指図通りに動いて、見事、妖怪退治を成功させ、「三位《さんみ》」という高い位を戴いた。その後、母はどうしたのか。母は死ななかった。再び伊予の山中の池に戻り、大蛇の姿となった。そう、母のこの地での名は、「池大明神《いけのだいみようじん》」という。

「鵺伝承」は全国に分布する。奥州から九州まで。光孝天皇が盲僧の祖となったように、文徳《もんとく》天皇の第一皇子・惟喬《これたか》親王が木地師の祖となったように、弓矢でもって鵺を退治した頼政は金属師の祖となった。それで、この「鵺伝承」、金属師によって全国に運ばれた。

京にも複数の伝承がある。その一つ。鵺が住んだという「東三条の森《とうさんじょうもり》」に、大将軍神社《たいしょうぐん》がある。今は森は消えたが、社はささやかに清浄に鎮座している。

「大将軍神社」という名の社は、王城鎮護の社で、平安京遷都の折、都の四方（東西南北）に建てられ、魔の侵入を防いだ。境の神である。

東山三条の大将軍神社は都の「東」を、一条御前《おんまえ》にある大将軍八《はち》神社は都の「西」を、都の「南」は藤森《ふじのもり》神社の摂社・大将軍神社が、都の「北」は西賀茂の大将軍神社が、護った。異説がたくさんある。ただ東山三条の大将軍神社だけは、ここが都の東の出入り口であったので、魔の侵入を防いだ社ということを、誰も否定しない。「三条口」即ち「粟田口」の境の神であることを否定しない。

三条・大将軍神社に祀られる神の名は頭上に牛頭を戴いた「牛頭天王《ごずてんのう》」。大将軍神社と同じく「粟田口」にある粟田神社も「牛頭天王」を主祭神としている。氏子たちは牛頭天王の「天王」から、祀る神を「テンノウさん」と呼ぶ。牛頭天王を祀る神社は京都にとても多い。岡崎の岡崎神社もそうであるし、吉田山にあった、節分に「懸想文売《けそうぶみうり》」を出す須《す》賀《が》神社（現在は聖護院の向かい）の主祭神も牛頭天王である。

ただし、牛頭天王は明治に入って、記紀神話を基に神名をスサノヲの命《みこと》と改めさせられた。それでも、三条・大将軍神社にお参りする人たちは、大将軍の神を「テンノウさん」と呼び、その住まう社を「ギオンさん」と呼んで、無意識に明治の神仏分離・神社合祀等の神仏の整理整頓にあらがっている。

「ギオンさん」と言えば、八坂神社ではないか――いや〝ここ〟三条の大将軍神社の鎮座地・長光町《ながみつちよう》とその周辺の町内では、「ギオンさん」とは大将軍神社の愛称である。

大将軍神社のギオンさんと八坂神社のギオンさんは「祇園祭」で繋がる。「祇園祭」の本名は「祇園御霊会」。悪魔払い、厄除けの神事である。そのハライ・キヨメをするのが、三基の神輿である。その一基を大将軍の「ギオン」さんの氏子が舁《か》く。

つまり三条の「ギオンさん」は本家（？）八坂神社の「祇園祭」に奉仕する。「祇園祭」に出る三基の神輿には、主祭神・スサノヲの命、妻・クシナダヒメ、御子・八王子が乗る。おのおの中御座《なかござ》・東御座・西御座という。「東御座」の神輿の舁き手が、この大将軍神社の氏子である。その神輿には、女神・クシナダヒメが乗る。舁き手の衆は、長光町のお隣の若松町・若竹町の人たちである。この舁き手、「四若《しわか》」と呼ばれる。

「四若」はつい最近まで、祇園祭で最も重要な神事・「神輿洗い」の儀も務めた。四条大橋にドンと据えられたスサノヲの命の乗る中御座の神輿に御神水（鴨川から汲んだ宮水《みやみず》）を笹束で振り掛けて、神輿をキヨめる御役である。現在は八坂の神官さんがされている。その昔は、神輿を河原に降ろし、鴨川の水で直接キヨめていた。しかしある時、誤って、神

大将軍神社本殿。祇園社（八坂神社）と同じ神紋・木瓜紋と巴紋の幔（まん）幕。後方の大イチョウは「鵺の森」の名残り。本殿向かって右奥に隼社（疱瘡（ほうそう）除けの神・隼大明神）を祀る。

輿を流してしまった。神輿は流れながれて、今宮《いまみや》の浜（現在の大阪府）に着いた。それを里の人が拾って、京へ運んでくれた。以来、その今宮の人を頼んで、神輿を舁いて頂く事となった。その慣習は廃《すた》れたが、それでも、今宮の氏神を祀る今宮夷神社の宮司さんは今も「祇園祭」には必ずご奉仕にやって来る。このことは『年中行事秘録』巻十に以下のように記される。

昔、「神輿洗い」の日の夜、鴨川で神輿を洗っていたら、大雨が降り、洪水となった。神輿はその大水に流され、見失われた。神輿はどこへ行ったのか。流された神輿は現在の兵庫県の勝間浦《かつまうら》沖合を漂っていた。それを地元、今宮村の農民が見付けて拾い上げ、産土神《うぶすながみ》の「戎社」の神殿に「流され神輿」を安置した。そして、神輿を舁いて、京は祇園社にお還《かえ》しした。それが慣例となり、毎年、祇園祭には、今宮村の人々が上京して神輿を舁くことになった。

今も神輿を舁くことは誇りである。それがギオンの神輿となれば、いっそう誇り高い。大将軍神社の絵馬堂に、神輿を舁いている絵馬がある。だいぶ剝落しているが、この絵馬こそ〝ここ〟が「ギオンさん」である証の一つ。しかしなぜ、都の鎮護のために建てられた大将軍神社が、祇園社に奉仕する社になったのか。それは主祭神・スサノヲの命のせいである。というより、やっぱり「牛頭天王」。

西賀茂の大将軍神社は、天孫降臨のニニギの命と結婚する山神の娘・コノハナサクヤヒメの姉で、コノハナが桜花のように美しいのに対し、〝岩〟のように醜いとされる磐長姫《いわながひめの》命《みこと》を祀っている。磐長姫は〝岩〟の呪力でもって魔を払う巫女である。大いなるタタリ神である。西賀茂の大将軍神社は、「祇園御霊会」とともに京の二大御霊会といわれる「紫野御霊会」、現在の「やすらい祭」に、境界の神の呪力と岩の呪力をもってご奉仕してきた。今もしている。ちなみに都の南を護る藤森の大将軍神社の御祭神も磐長姫である。

境界の神が「祇園祭」に奉仕することは、呪力を大いに発揮出来る格好の機会である。粟田神社も同じくご奉仕している。祭の初めの神事を担っている。祇園の神の象徴的植物「瓜」の神事を担っている。ただ粟田神社が祇園社との関係を積極的に前に出しているのに比べ（粟田神社は鳥居の扁額に八坂神社の古称・感神院に対して「感神院新宮」の名を大きく記している）、大将軍神社はその由緒にも駒札にも「祇園社」との関係を書かない。しかし、参る人々が、御祭神を「テンノウさん」と言い、その社を「ギオンさん」と呼んでいることと、神紋が祇園社の「木瓜《もっこう》」紋であることで、こっそり「ここは感神院の若宮ですヨ」と囁いているのである。

流される鵺——祀られる鵺

牛頭天王が坐《いま》しての大将軍神社ではあるが、この社を有名にしているのは怪鳥「鵺」の存在が大きい。そう、最初に述べた通り、〝ここ〟は「鵺の森」であった。再度考えてみよう。天皇を護るべき大将軍神社の地になぜ、天皇を襲う「鵺」が住んでいたのか。そして鵺はなぜ、天皇を襲うのか。なぜ源頼政に殺されねばならなかったのか。殺された鵺は、「うつぼ舟」に乗せられて、淀川に流され、芦屋の浦に着いた。

芦屋に鵺の塚があるのは解るが、なぜか京の二条城の公園にも鵺はいる。しかもこちらの鵺は〝神〟として祀られている。「鵺大明神」——なぜこの怪物は、〝神〟となったのか。「流された鵺」は怨霊となったが、慰撫されて御霊神となったのか。怪物を退治した頼政の方はなぜ神として祀られなかったのか。三条の「鵺の森」からも、頼政が神として祀られたという話は出て来ない。

・東三条森

橋の北一丁ばかりに有　八大天皇（粟田神社）の祭礼の日　鉾指一橋《ほこさしいちのはし》をわたりて其森《そのもり》まで来てこゝに鉾をたてならべ　神輿をまつ（後略）

（北村季吟『菟芸泥赴《つぎねふ》』第四下　一六八四）

・大将軍の森

同所の東の路傍に在《あ》り　いにしえの東大将軍なり　社は今は亡《な》し　粟田口の天王　岡崎の天王共に神幸の時　旅所とす

（『山城名跡巡行志』巻二　一七五四）

江戸中期頃までは大将軍神社の社は失われたままであったらしい。ただ「古《いにしえ》東大将軍也《なり》」とあるので、「東三条《とうさんじょう》の森」即ち「鵺の森」に、確かに大将軍神社は存在した。そして、ここは岡崎神社とともに粟田神社の御旅所でもあった。

大将軍神社は、粟田神社と一対のような関係にある。源頼政伝承が二つの社を結ぶ。頼政はその音《オン》からヨリマシ＝憑人となったが、同時にヨリマサの呪性は、先に述べたように彼を金属師の祖に押し上げた。金属師は源頼政を祖として、それを名誉に全国を渡り歩いた。その跡には、多く金属神・天目一箇神《あめのまひとつしん》が祀られた。粟田神社を有名にしている末社・鍛冶神社の主祭神も天目一箇神である。

柳田國男は「鵺とうつぼ舟」を論じる中で、「思うに此《この》瓜も亦《また》一つのうつぼ舟であって」と書いている（『妹の力』「うつぼ舟の話」）。柳田は祇園社（天王社）と瓜という植物について考え、瓜は中が空洞で水を宿している。そこは水神（小蛇として現じる）の住まうところであり、またその二つに割った形が「うつぼ舟」に似るので、〝鵺〟を流した「うつぼ舟」とは、「祇園の瓜」ではないかと推察し、この「流された鵺」が〝神〟であることを暗に言うのである。神というものは、神話のイザナギ・イザナミの赤子神・ヒルコ以来、たびたび流された。柳田は「不用の客神《まろうどのかみ》」はうつぼ舟で海に捨てられるのである、という。

また、頼政自身は神として祀られないが、頼政が鵺を射たという武具・弓矢を祀る社は多くある。地方では多く八幡神社や加茂神社の御神体となっている。洛中にもある。こちらは神明《しんめい》神社という（下京区綾小路通東洞院東入ル）。

弓矢を作るには、鍛冶の術と皮革《ひかく》の術が必要であった。粟田神社から大将軍神社の周辺に居住した人々は、その〝術〟を持っていた。

二　松尾大社末社・三宮神社――神々のネットワーク

川勝寺村の三宮神社――秦川勝が祀った女神

神はたびたび流された。不要の神として捨てられた。しかし流された神は、漂着地で改めて〝神〟として祀られる。辛い思いを通過することで、一度タタリ神となることで、〝神〟は成長する。これは貴い人が流される「貴種流離譚《きしゆりゆうりたん》」と同じ構造。貴い御方「流され王」は、流されたことを呪詛し、そのタタる力で呪力を増し、さらに貴くなる。そして〝神〟となる。

秦河勝《はたのかわかつ》という人がいた。この人も流された。河勝は聖徳太子の側近である。京には多く聖徳太子と関わる寺社がある。洛東東山では、八坂の塔（法観寺）が有名である。そのすぐ傍にある通称八坂の庚申堂《こうしんどう》、即ち金剛寺も聖徳太子の「孝養像《きようよう》」を祀っている。金剛寺は「秦氏を鎮魂する寺」と伝えられる。

また洛中のど真中、六角堂も太子を祀る。六角堂の太子堂には、二歳の童子の太子が、騎馬像の少年太子とともにいらっしゃる。この洛中のど真ん中に坐《いま》す六角堂建造には秦氏が深く関わっている。またこちらの御本尊・如意輪観音は、広隆寺建造の折、異光を放った霊木があって、それを用いて刻されたという。

そして何と言っても、秦河勝創建の寺、洛西の太秦《うずまさ》広隆寺の桂宮院《けいきゆういん》の御本尊であった聖徳太子はご立派である。今は広隆寺境内の宝蔵庫「霊宝殿」に、例の教科書で見る「宝冠弥勒菩薩半跏思惟像《はんかしゆい》」や、国宝・重文級の仏像群に囲まれていらっしゃる。元桂宮院の御本尊・一六歳の太子は、弥勒像と同じ「半跏思惟像」で、「孝養像」である。「孝養像」というのは中世史の井上鋭夫《いのうえとしお》に依れば、特別な意味を持つ。この形の太子像は「タイシ信仰」の徒(山の民・川の民)の祀る〝神〟であった。

広隆寺には、もうお一人太子がいらっしゃる。三三歳の太子である。太子自刻という。本堂(上宮王院)に坐す。この太子はほとんど生身の〝天皇〟と同じ扱いをされている。天皇の代替わりには、新天皇が即位式に召された着物が広隆寺に下賜《かし》される。それを太子はお召しになる。古い衣を脱いで、新しい衣にお着替えになる。

この三三歳の太子、祇園祭に出る山鉾の一つ「太子山」の聖徳太子の〝人形〟に似ている。祭の日にお着替えをする「太子山」の太子も、「決して見てはなりませぬ」……祇園祭の太子は神となる。決して人形ではない。この「太子山」の太子を代々守って来たのが、秦與兵衛《はたよへえ》家(薬種問屋)である。そう、こちらも秦氏である。秦氏とは何者か。秦河勝とは何者か。

松尾大社末社・三宮神社のある北裏町（右京区西京極）には秦河勝伝承が生きている。こちらでは「河勝」は「川勝」と書く。かつてここは川勝寺《せんしょうじ》村と呼ばれていた。「川勝寺村」の名称はもちろん秦川勝から来ている。この地に川勝《かわかつ》は広隆寺の前身、「川勝寺《せんしょうじ》」を建てる。蜂岡寺《はちおかでら》（広隆寺の古名）である。

「広隆寺縁起」は「（広隆寺は）もとは、九条河原《くじょうがわら》の里にあった」と記す。川勝寺跡は、今は不詳ということであるが、この地がかつて桂宮院領だったことを考えれば、〝ここ〟「川勝寺村」が、秦川勝の地であったことは間違いない。ちなみに『都名所図会』巻四（一七八〇年）に「川勝寺は西七条の西七町にあり（むかし秦川勝伽藍建立の所なり　旧跡　村の中所々にあり）」とある。

　秦川勝という人、その誕生も奇妙だが、その死も奇妙である。赤子の川勝は壺に入って、大和の初瀬川《はせがわ》をまるで桃太郎のように、ドンブラコッコと流れて来た。そして三輪明神の社の前で拾われ、不思議の赤子として成長し、その才をもって聖徳太子に仕えた。そして晩年、老いた川勝はなぜか「うつぼ舟」に乗って、難波の浦を流れてゆく。漂着地は赤穂《あこう》の坂越《さこし》という所で、今、その地の鎮守社・「大避《おおさけ》神社」に主祭神として祀られている。川勝は流されて〝神〟となったのである。その神名、大荒《おおあれ》大明神という。タタリ神であったので、この〝名〟がある。

祭の日の衣手神社神輿。松尾祭は一名、賀茂祭と同じく葵祭という。それ故、神輿は葵葉で装飾される。その最後の点検をする青年会会長。手前の金具に、黄金で化粧（けわい）された空也上人がいる。

この川勝と川勝寺村の産土神《うぶすながみ》、三宮神社に坐す玉依姫《たまよりひめ》とは深い関係にある。玉依姫、即ち「三宮明神」は秦川勝に依って祀られた。いや、元々玉依姫はこの地にいたのである。その女神を川勝は、蜂岡寺を建てた時に、「鎮守社」として改めて祀ったのである。そして蜂岡寺が太秦にお引っ越しなされた後も、「三宮神社」は〝ここ〟にいて、川勝寺村の産土神として、里人に守られ、今に至っているのである。

郡村の三宮神社——酒解神、羽山戸神

松尾大社と関わる三宮神社は、もう一社あった。右京区西京極東衣手町《ころもでちょう》の衣手神社。そう、前に空也上人と松尾大明神を追いかけて辿り着いた、かつての郡《こおり》村の産土神を祀る社であった。

川勝寺村の三宮神社が昭和二八年（一九五三）九月より松尾大社の末社となったのに対し、郡村の衣手社の方は古く、明治八年（一八七五）には、松尾大社の境内末社・衣手社（祭神・羽山戸神《はやまとのかみ》）を合祀することで、松尾大社の末社となった。

川勝寺村の三宮神社の御祭神は三柱《みはしら》。主祭神・玉依姫命に、大山祇神《おおやまつみのかみ》そして酒解神《さかとけのかみ》である。大山祇神は「山神」である。コノハナサクヤヒメ・イワナガヒメの父神である。

酒解神は謎の神である。京で一番有名な酒解神は、乙訓《おとくに》郡大山崎町の酒解神社に祀られる酒解神である。離宮八幡宮にもいらっしゃる。また松尾大社の近くに坐す梅宮《うめのみや》大社の酒解神も有名だが、橘氏の氏神となってしまって、その本来のご利益が〝表〟に出て来ない。それに対し、大山崎の酒解神は、境界の神ということがすぐに解る。こちらの酒解神の古名は「天神八王子」と言う。酒解神とは牛頭天王《ごずてんのう》の八人の御子神《みこがみ》の総称である。この御子神・八王子は、その初め山上《さんじょう》に祀られていた。その山の名は、現在、〝父〟の名・牛頭天王から採って「天王山」という。

牛頭天王は龍宮のヒメとの間に八人の御子をもうけた。その八人の御子が、ここでは父神の呪力を背負っている。それで天王山の古名は御子神の名を採って八王子山と言ってい

祭の日の川勝寺三宮神社神輿。いつもは人気のない境内だが、ひとたび御旅所となると供物の賑わい。「御神酒」の文字とともに川勝寺青年会の文字が見える。

祇園社（八坂神社）境内末社・日吉神社。神輿の担ぎ棒が見える。

た。八王子の「八」は、柳田が言うように「ハチ」の音《オン》に深い意味がある。「境に坐して魔を払うもの」という意である。御子神は父神・牛頭天王と同じ呪性を持っている。ただ御子神は若い。若い故にその呪力は一層荒々しい。

川勝寺村の三宮神社に坐す酒解神も、衣手神社の羽山戸神も、境の神として魔を払った。不思議な神々のネットワークで、松尾大社の二つの境外末社「三宮」と「衣手」は結ばれていた。ともに御旅所という点も大事である。

祭の期間中、神は神輿に坐す。神の乗る神輿も呪箱《じゆばこ》である。神は新しく生まれるために神輿に乗る。神輿はその呪力をより増すために暴れる。舁《か》き手は一心に神輿を振る。「フル」と、「ユレ」ると、神輿の中に坐す神は大変お喜びになる。

三宮神社は普段はとても静かなというか、ちょっと寂しい所である。しかし祭の間、ここは花やぐ。立派な神輿、溢れんばかりの供物《くもつ》。その供物の熨斗《のし》に書かれる「川勝寺村三宮神社」の文字。氏子たちは〝ここ〟が、かつての川勝寺村と知っている。

秦川勝の「川勝寺村」という〝名〟は、今はない。しかし、その〝地〟はある。その地に立てば川勝寺村の〝神〟に出会えるかも知れない。運が良ければ、赤子の川勝にだって出会えるかも知れない。母神・玉依姫にも出会えるかも知れない。母はしっかと赤子神・川勝を抱いているに違いない。母神は赤子のためならどんなことでもする。もし、その抱いている赤子神を傷付けようとする者あらば、母神はタタリ神となり、その者を呪詛するであろう。

「三宮」という〝名〟を冠する玉依姫は、荒魂《あらみたま》である。近江の日吉大社、洛中の日吉神社（山王宮）もそうである。「三宮」に坐す玉依姫とはコワ〜い女神である。

三　洛中の八幡宮——祇園祭・船鉾

祇園祭・山鉾巡行——船鉾の威容

京に三大祭というものがある。初夏の賀茂祭（葵祭）、秋の時代祭、そして真夏の祇園祭である。

賀茂祭は下上《げじょう》賀茂社、時代祭は平安神宮、そして祇園祭は八坂神社（祇園社）の神事である。「祭」とは普段は社に坐《いま》す神にお出まし頂き、「生まれ清まり」即ち「再生」の儀式を行うものである。

しかし、祭の中心の意味はそこにあっても、祭は、賑やかで花やかでなければならない。祭を司る人々、祭を観る人々は、神を喜ばせなければならない。そのために生まれたのが芸能である。歌をうたい、舞をまい、楽器を鳴らし叩き、神を囃《はや》す、「生《は》やす」のである。芸能はかつては葬送を司った「遊部《あそびべ》」たちの職能であった。死者への捧げ物が、神への捧げ物になった。神を「生《あ》れさす」ものとなった。新しい神の誕生である。この神に捧げる芸能を〝風流《ふりゅう》〟という。つまり風流とは、神事を化粧《けわい》したものである。

京の祇園祭では、「神事」と「風流」が「二重構造」になっている。祇園祭は、神輿の「巡幸」と山鉾の「巡行」の二つに分かれる。八坂神社の主祭神はスサノヲの命（牛頭天王）で、山鉾の方は、現在（二〇一八年）、三三基出るが、その山鉾に乗る〝神〟は、一基一基異なる。そして山鉾に乗る神をお祀りするのは、八坂神社ではなく、各山鉾町である。京の町衆《ちょうしゅう》という人たちが、町内の神を祀り、祭の日には山や鉾を飾り立て、そこに自分たちの〝神〟を乗せて、京の中心通りを巡行する。

祇園祭は、京の三大祭の中でも一番人気である。しかし山鉾の派手さに比べれば、肝心の神輿の渡御《とぎょ》は少しさみしい。観光客の目は、多く山鉾巡行の七月一七日に集中する。しかしこの七月一七日というのは、比較的新しい約束事である。

七月一七日——昭和四一年（一九六六）、交通事情等によって、元々の形であった「前祭《さきのまつり》」と「後祭《あとのまつり》」が統合された。それがまた、平成二六年（二〇一四）、昔の通り、「前祭」と「後祭」に分かれて巡行することとなった。巡行の日は、前祭が一七日、後祭は二四日である。この前と後に分かれて行う巡行で、改めてその存在の大きさを示した鉾がある。「船鉾《ふねぼこ》」である。

船鉾は祇園祭の中でも最も特徴のある鉾である。他の鉾の装飾にはいくつかの決まり事があるが、船鉾は船の形をしているので、決まり通りの装飾をしていない。さらにこの鉾は形だけでなく、信仰からみても特別な位置にある。

前祭の先頭は「籤《くじ》取らず」の長刀《なぎなた》鉾と決まっている。その理由は祇園祭のご利益が疫病・邪悪を払うことにあるので、〝魔〟をナギ倒してくれる呪具《じゆぐ》・長刀を装飾した長刀鉾が先頭を務めるのである。

昭和四一年の前祭・後祭合体の折、前祭でも後祭でも「しんがり」を務めていた船鉾

神功皇后。神面（古面）を着けた御姿。町会所では、この“古風”を拝することが出来る。

は、鉾や山の間に挟まれることとなったが、かつて、前祭・後祭の「しんがり」は船鉾が決まりであった。船鉾も長刀鉾と同じく「籤取らず」の鉾であった。そして、そう、船鉾はかつては二基あった。前祭の「しんがり」を担うのが、現在の出陣の船鉾、後祭の「しんがり」を担うのが、凱旋の「大船鉾」であったが、「蛤《はまぐり》御《ご》門《もん》の変《へん》」で「大船鉾」は御神体の神功皇后の神面といくつかの懸《け》装《そう》品《ひん》を残し、後は失われた。それで巡行を断念した。仕方がない。〝神〟の乗る船がないのだから。

　時を経て平成二六年、前祭・後祭という元々の巡行の形を復活させたのを契機に、改めて巡行に参加（現在は完成途上の仮の船鉾であるが）。やっと町内（下京区新町通四条下ル四条町）の人たちの念願が果たされた。

「大船鉾」は前祭の船鉾の威容にはまだまだ及ばないが、後祭の「しんがり」を立派に務めている。ちなみに後祭の先頭も「籤取らず」である。この先頭を務めるのは「橋弁慶山」。こちらも昔むかしからの決まりである。義経人気のせいであろうか。もしかしたら弁慶の持つ長刀のせいかも知れない。

神功皇后——船鉾の〝神〟

船鉾の〝神〟は神功皇后である。身重《みおも》の女神である。

神功皇后を祀るならば、この鉾、船鉾は「八幡宮」？　京の八幡宮と言えば石清水八幡宮《いわしみずはちまんぐう》である。ただ石清水八幡宮は京の中心からずいぶんと離れた所にある。洛中に八幡宮はないのか。

洛中、中京のど真ん中、高倉御池に「御所八幡宮」がある。かつては広大な敷地を有したというが、今は町内の守り神。また通称「むし八幡」と言って、安産と幼児の守り神として坐す。ささやかなささやかな社である。また上京区には、首途《かどで》八幡宮がある。こちらも大社ではないし、源義経が平家追討の門出に際して宇佐八幡宮を勧請したというので、義経信仰が前面に出ている。義経の「奥州行」の伝説によって、「旅の守り神」となっている。場所が西陣なので、呉服屋さんの信仰に支えられ、現在までなんとか維持されてきた。洛中の八幡宮は、みな、ささやかなお社である。

それに比べて一年に一度「祇園祭」の日にしか拝することは出来ないが、船鉾こそがむしろ洛中最大の「八幡宮」ではないだろうか。

船鉾の神功皇后の話をしよう。

神功皇后は、「安産」の神である。神功皇后は五〇本もの晒《さらし》（腹帯）をお腹に巻いて船に乗る。巡行を終えた後、その腹帯は「安産のお守り」として、所望の人々に配られる。腹帯を巻いた神功皇后の御姿は、身重の母子一体の異形の御姿となっている。「皇后のお腹の中には確かに赤子が坐す」という御姿である。神話の神功皇后は、臨月（『太平記』では五ヵ月）のお腹を抱えて海を渡り、帰国後すぐに、赤子を産んだ。その赤子は、父・仲哀天皇亡き後、次の天皇となる「約束の赤子」であったので、腹違いの兄たちに命を狙われた。その時、神功皇后は、赤子を「空舟《うつぼぶね》」に乗せ、「赤子は死にました」と叫ぶ。この行為には二つの意味がある。一つは敵に赤子は死んだと言いふらすことで、赤子の命を守ること。もう一つは、「うつぼ舟に乗った赤子」というものは、海の彼方からやって来る来訪神で、それをもどいているのである。

赤子は「海に流され」、「漂う」ことで、〝神〟となる。この赤子は後に応神（王子）天皇と名告《なの》るわけだが、その前にいくつかの〝名〟を持っていた。母の胎内にいる時から、すでに〝天皇〟であったので、「胎中天皇《たいちゅう》」と呼ばれる。また生まれた時、腕に弓を射る時に用いる円い皮製の道具・鞆《ホムダ》のようなコブがあったので、ホンダワケの命《みこと》という幼名を戴く。そして成長してホンダ（コンダ）天皇と呼ばれる。ちなみにホンダワケの「ワケ」は上賀茂の主祭神・別雷命《わけいかずち》の「別《わけ》」と同じく、「若い」という意である。応神の場合は、むしろ「幼い」と言う方がいいかも知れない。

胎中天皇という名も、ホンダ天皇という名も奇妙な名である。前者は「胎児の天皇」という意であるし、後者は「コブのある天皇」という意となる。すなわち応神は異形の赤子である。

その母・神功皇后も異形。まず、「身重」が異形であるが、この母には奇妙な噂があった。『住吉大社神代記』、『八幡宇佐宮御託宣集』など、中世の書物に描かれる噂である。その噂とは住吉大明神と神功皇后の間に「密事《みそかごと》」あり、というものである。神功は神の花嫁であったのか。とすると、赤子は神の子ということになる。

身重の神功皇后すなわち異形の母子を乗せた船鉾には、他に三柱《みはしら》の〝神〟がご一緒する。船の中心に大きなお腹を抱えた神功皇后、その後に戦の神・鹿島明神、皇后の前に副将の住吉大明神、その住吉大明神に、〝海の潮〟を操る「干珠《かんじゅ》・満珠《まんじゅ》」という〝玉〟を捧げる安曇磯良《あずみのいそら》。アズミのイソラは海の精霊という。そのお顔、お姿はとても醜い。その醜さは、長い間海の中にいたため、藻屑や貝が張り付いてしまったためという。海の怪物である。この醜いイソラが、船鉾の「水先案内人」を務める。

四柱の神々の乗る「船鉾」――「恐いものなし」である。この船鉾が元々二基あり、さらに占出山《うらでやま》という〝山〟には「鮎占《あゆうら》」をする巫女としての神功皇后が坐して、また「八幡山」という「八幡宮の社殿」をそのまま乗せて、鳥居に神使の鳩を飾る〝山〟もある。現在、三三基という山鉾に、四基もの神功皇后縁《ゆかり》の山鉾が出るのはなぜか。

やはり神功皇后・応神天皇という母子のせいである。母子神信仰のせいである。庶民の信仰は、第一に母子神信仰であった。

安曇磯良。海の精霊・アズミのイソラは、醜い。醜いということが、神の証。手に持つは龍宮の宝物「干珠・満珠」。

矛盾している？　八坂（祇園）の神さまと山鉾の〝神〟は、どういう関係にあるのか。スサノヲ・クシナダヒメ・八王子――父母と御子神一家の出る祇園の神事に、「風流」として祭を化粧《けわい》し、豪華にするために、山鉾は出るのだから、祇園祭の主祭神的〝神〟が、船鉾に乗る神功皇后というのはおかしいのではないか。山鉾の〝神〟はあくまで町内が祀るささやかな神ではないか。

確かにそうだった。南北朝期、山鉾が登場するまで、平安の昔までは、祇園祭の神は三基の神輿に乗る神であった。その神を喜ばすために現われた山鉾に、祇園祭の主役の〝神〟がいるなんて——矛盾する？

祇園祭——古名、祇園御霊会は、邪霊・厄災・疫病を払う祭である。昔はよく子どもが死んだ。幼児が死んだ。赤子が死んだ。疫病が蔓延すると、真っ先にやられるのは幼子《おさなご》であった。庶民信仰は強い。幼児を守るために庶民は立ち上がる。スサノヲさんにだけ委《まか》せてはいられないと、山鉾にも、魔を払い、厄を払い、病を退散させる意味をもたせた。ただ、祇園の神の神輿「巡幸」に対して、山鉾は、あくまで「巡行」と言い、少しご遠慮している。

スサノヲの命が、まだ牛頭天王と呼ばれていた頃、牛頭天王は、とても醜かった。それで、妻となる女人がいなかった。それでも一所懸命探して、ようやく龍宮のヒメと出会って結婚し、八人の子をもうけた。

神功皇后は『八幡宇佐宮御託宣集』では龍宮のヒメとある。物語の中では皇后はヤヒロワニという怪物となってウガヤフキアワセズの命という早産の赤子を産んだ「豊玉ヒメ」に重ねられる。そしてあのアズミのイソラが、武具として奉った「干珠・満珠」の玉は元々は龍宮の宝物であった。神功皇后の物語は「龍宮物語」を抱えている。応神天皇も喪船（うつぼ舟）に乗った時、海に流された時、海の彼方の浄土・龍宮を故郷としている。

神々のネットワーク、怨霊ネットワークで、牛頭天王・神功皇后・応神天皇は結ばれている。

メビウスの輪――「流され神」の野望

この第九章では、鵜と玉依姫と秦川（河）勝と神功皇后・応神天皇を主役にした。各項の共通点は、「流されて神となる」というところにある。「鵜」は殺され、その遺体はうつぼ舟で流され、京と漂着地で神として祀られた。秦川勝は、赤子の時、うつぼ舟（壺）に入れられ、流され、三輪明神の神前に漂着、そして立派な男子に成長、ただ晩年、なぜか自ら「うつぼ舟」に乗って赤穂の坂越《さこし》でタタリ神・大荒《おおあれ》大明神となり、後、慰撫されて彼の地の守り神となった。

神功皇后は、卜占をし、渡海をして、子産みをした。卜占をする皇后は豊玉ヒメとともにその妹・玉依ヒメとも重ねられる。もとより玉依ヒメとは、巫女の総称である。神功皇后、このヒメ神は、生まれたばかりの赤子を海に放つ。「うつぼ舟」に乗せて海を漂わす。三年足立たぬ子・ヒルコを海に捨てた母神・イザナミのように。

ここに登場する神々は、みな「うつぼ舟」という呪器に入って変身している。


花と死の清水寺から始まったこの物語は、崇徳天皇の怨霊を案内人に、上賀茂の玉依ヒメを訪ね、この巫女の託宣に従って大社の表の顔と裏の顔を語った。その結果、決して裏の顔ばかりが恐しいのではなく、表の顔もまた裏に通じていることを知った。

そして、神仏習合、神仏一体の中世の信仰を空也上人と松尾大明神に見て、安倍晴明を祀る寺と社へ、さらにイナリと空海の関係に及んだ。そして、その本流から流れ出た支流に住まう幾柱もの庶民の神々、仏たちと会話し、神も仏も私たちのとても身近な所にいらっしゃるということを知った。特に女神は多く悲劇を負ってタタリ神となって坐したが、それでもなお女神たちは母神のあたたかさを失っていなかった。

しかしやはり神は異形であった。仏は異形であった。それで、神は流された。仏は捨てられた。それでタタった。そのタタリを一身に受けとめたのが〝天皇〟である。

怨霊・崇徳天皇もまた、我々の苦しみや哀しみをしっかと受け止めてくれている。

この物語は、メビウスの輪ではないが、あの奇怪・奇妙な輪のように、ひとひねりして一つの円環を描いている。

神々は、仏たちは、「うつぼ舟」に乗って、物語の海を漂っている。いや、何かを企んでいる。京という「異界」は、神々の、仏たちの、野望で作られている。メビウスの輪の一八〇度の〝ひねり〟のように、表と裏、聖と俗が、一つに繋がっている。そこに怨霊が坐す。神仏の企みである。

その企みの一例――崇徳天皇の怨霊は、じつは鳥辺野を守る六波羅蜜寺にも祀られている。崇徳が祇園の御廟所に坐した時、一時、六波羅蜜寺の普門院の管理下に置かれた。その時、崇徳の尊像（絵像）が、六波羅蜜寺にもたらされた。その崇徳天皇は、今、六波羅蜜寺の奥の奥に坐す。しかし、誰も拝したことがない。「これを見る人、タタリあり」と伝えられているからである。崇徳の怨霊は愛宕山から鳥辺野までやって来ていた。

あとがき

先日テレビを見ていたら、もうタレントのようになって、レギュラー番組を持つ京料理の老舗のご主人がまた出ていた。菊乃井《きくのい》の村田吉弘《むらたよしひろ》さんである。

村田さんは、いい人である。京都・祇園の老舗料亭に生まれて、修業し、料理人となり経営者となり、その腕と「しゃべくり」で某テレビ局の「料理番組」の〝顔〟となった。私は彼が好きである。なぜ好きかと言うと、自転車に乗ってラーメンも、ハンバーガーも、B級グルメと言われるものも食べ歩き、「うまい!」と言う。「懐石」だけを京料理とする他の老舗主人たちとは、ちょっと違う。「うまいもんは、うまいんや」。

「懐石」――京では、多く「京懐石」と言う。この「懐石」の上に付いた「京」は、「京都の」という意味であろうか。いや、「本物の」という意である。懐石の語源から説くと話が長くなるから、ここでは懐石料理を日本料理のフルコースということにしておく。本来の意味は違うが。

その先日のテレビ番組で、村田さんが、「フレンチかてイタリアンかて、なんでも京風に出来まっせ」と言って、フレンチをイタリアンを手早く、素早く「京風」に変化《へんげ》させていた。それを食した共演のタレントさんは、「ほんまや、これぞ京都という味でんな」とおっしゃって、舌鼓を打っていた。待てよ、「『京風』っていうのは、いかにも〝京都〟って感じにみせかけているけれど、本物の京都の〝もの〟とは違います。まあ、言わば〝もどき〟なのです」という意味ではないか。

村田さんは「京風」という言葉を、「京都的になりましたやろ」ぐらいの意味で使ったのだと思う。それを受けたタレントさんが、京風を勘違いして、「ほんまもんの京都でんな」と本気で思い、おっしゃったのだと思う。

「京風」——それはあくまで〝本物〟に対しての言葉である。「京都風」が本来の言いである。本物に対して「みせかけ」を〝風〟と言っているのである。村田さんは本物を知っているから、敢《あ》えて「京風」という言葉を使ったのであろう。そして現代という時代は、〝本物〟より、本物に似た〝もの〟が求められている時代ということを知っている。「京もどき」がちょうどいいのだ。本物は重い。軽くゆきましょう。そう堅苦しいこと言わないで、まあまあでゆきましょう。

この本のタイトルは『京都異界紀行』という。いかにも「京風」なタイトルである。「そのタイトルなら、何冊も目にしましたよ」。しかし、それでもなお、この本のタイトルは『京都異界紀行』なのである。「それなら本には京都の〝本当のこと〟は書かれていないのですか。少し脚色して『いかにも京都風』に仕立てたのですか」。

本当のことを書いた。しかしすべてが物語。それを〝本当のこと〟と言っていいのかどうか。序章で「こんなことを書きます」と語った「清水寺の花と死」。地主神社の桜と鳥辺野の屍――これが一緒にあるのが清水寺と。そこから京が抱える「表の顔」と「裏の顔」が見えると――その二つの顔を繙《ひもと》くために、まず、白峯神宮というサッカーの神となった神社へ、次に上賀茂神社という京の大社へ。そこで崇徳《すとく》天皇に会い、玉依《たまより》ヒメに会った。しかし崇徳より「鞠《まり》の明神」（精《せい》大明神）、玉依ヒメより紫式部の方が、どうも「京風」を満たしているようで、それが、その社の人気となっていた。「京の風」が吹き抜けて行った。〝本物〟が見えなくなった。

「親爺のためにあんころ餅作ったんです。そしたら、親爺、『ああ、道喜《どうき》のあんころ餅が食べたい』と。そりゃあ腹が立ちました。けど、やっぱり道喜さんの〝あん〟にはかなわへん」。生麩《なまふ》の老舗「麩嘉《ふうか》」のご主人の言葉。この異界紀行にも登場頂いた、鞠の神が影向《ようごう》したという名水「滋野井」を擁すあの麩嘉である。この言葉は重い。「たかが餡《あん》、されど餡」なのである。道喜（「川端道喜」という粽《ちまき》で有名な京の老舗）のご主人の餡は特別であった。

「毎朝、はように起きて、まず餡を炊く。こんちくしょう、こんちくしょう言うて餡を炊く。何で僕が毎日こんな事せんならんのやろ。アホみたいやな」と言いつつ、一五代目道喜さんは、毎日、死ぬまで餡を炊いていた。

「川端道喜」を有名にした話がある。応仁の乱後、御所は荒れ、天皇は経済的にも困窮していた。天皇は朝起きると一番に「道喜はまだか」と言った。川端道喜は、毎朝、御所に「餅」を届けていたのである。つまり天皇は、「道喜の餅はまだ届かぬか、朝食はまだか」と腹ぺこのお腹を抱えて言ったのである。京では有名な話である。餅屋は道喜さんばかりではない。しかし道喜の餅は本当においしかったらしい。「あんころ餅」の餡もおいしいが、餡が包む餅も最高であった。「本物の京都」と言うと、「川端道喜」を挙げぬ訳にはゆかない。

食べ物の話に逃げようとしているのではない。京を語る時、一番解りやすい例が「食べ物」であるからだ。「見立て」という京の美学がそこにある。
京の人は、京の人をあまり賞《ほ》めない。しかし「末富《すえとみ》」のお干菓子の朱の色は、誰もが賞める。憧れる。「あの色だけはどうしても出せない」と嘆く。本物が、ここにもあった。
この本は、京都の〝本当〟を目指した。それで、京都と言えば——怨霊・御霊、天皇・貴人、社・寺、等々の「京名物」があり、その名物には〝表の顔〟と〝裏の顔〟があった。それで折角、「異界」と銘打ったのだから〝裏の顔〟を描くことにした。しかし、〝表〟を知らない人たちにとっては、〝裏〟を裏と認識してもらえない。だからまずは〝表〟を書かなくてはいけなかったのだ。

そんなことは気にせず、興味ある固有名詞を見付けたら、その章から読んで頂ければうれしい、と勝手なことを言わせて頂く。その章を読んだら次の章に、また次の章へと、目を運んでもらえれば、全九章が、実は「一つの物語」であることを知って頂けると思う。

本書の担当編集者の山﨑比呂志さんの、「京都って表面は美しいけれど、裏へ回れば、コワ〜い物語が潜んでいますよね。そのコワさこそが、ヤバさこそが、本物の京都なんですよね」という妖《あや》しい言葉に誘われて、この本の執筆を引き受けた。ありがたいことである。風変わりな文章を引き受けて下さるのだから。しかし一言、釘を刺された。「西川節《ぶし》はいいのだけれど、あっちへ飛んだり、こっちへ跳《は》ねたりはしないで、行間はきちんと埋めて下さいね、約束ですよ」。

果たして私は山﨑さんとの約束を守ったか。

ただ精一杯、私の知っていることを、文字にしようとした。いつかの日の、誰かのために書き留めおくことが、私が出来ることと思って、この本を書いた。

だからこの本のそれこそ本当のタイトルは、「京都誘惑——異界メモ」である。誰も知らない、誰も書かなかった話が、いくつか、この本には封じ籠められている。

「山姥——金太郎の母」（講談社メチエ『金太郎の母を探《たず》ねて——母子をめぐる日本のカタリ』に改題刊行）より十数年、飽きずに我が儘な私に付き合って下さった山﨑さんに深く感謝致します。

それにしても京都、振り返れば「見知らぬ町」、一日で変容する。ここがコワ〜い。

追伸

この本は、大まかな姿が出来てから三年経つ。初めの荒々しい原稿への、編集の山﨑比呂志氏のご注意（?）に半分耳を傾けつつ〝手〟を入れた。その段階で、引用文を意訳することにした。これは結構大変な仕事で、読めない絵巻の詞書や、墓石に刻された（ほとんど消えかかっている）文字を、まずは正確に全文訳さなければならない。そして、そこから要素を外すことなく、「自分の文章」に仕立てなければならない。それを横井《よこい》清《きよし》先生に解決して頂いた。

また「京都」というむつかしい〝地〟を語る上で不始末がないかも見て頂いた。一ヵ所を除いて「これでいいのでは」と、おっしゃって頂き、少し安心している。原稿から本になるまでの三年という年月を横井先生と旅することが出来た喜びが、この本には籠められている。この本は「横井先生の確かな仕事」に甘えて、誕生したものである。

ただ口惜しいのは、平成三一年四月七日午後四時二一分、先生は旅立たれた。一人、駿足で。

講談社現代新書　2543

京《きょう》都《と》異《い》界《かい》紀《き》行《こう》

二〇一九年九月二〇日第一刷発行

著　者　西川照子《にしかわてるこ》　

発行者　渡瀬昌彦

発行所　株式会社講談社

東京都文京区音羽二丁目一二—二一　郵便番号一一二—八〇〇一

電　話　〇三—五三九五—三五二一　編集（現代新書）

〇三—五三九五—四四一五　販売

〇三—五三九五—三六一五　業務

装幀者　中島英樹

印刷所　株式会社新藤慶昌堂

製本所　株式会社国宝社

定価はカバーに表示してあります　Printed in Japan

N.D.C. 216　302p　18cm

ISBN978-4-06-516146-3

「講談社現代新書」の刊行にあたって

教養は万人が身をもって養い創造すべきものであって、一部の専門家の占有物として、ただ一方的に人々の手もとに配布され伝達されうるものではありません。

しかし、不幸にしてわが国の現状では、教養の重要な養いとなるべき書物は、ほとんど講壇からの天下りや単なる解説に終始し、知識技術を真剣に希求する青少年・学生・一般民衆の根本的な疑問や興味は、けっして十分に答えられ、解きほぐされ、手引きされることがありません。万人の内奥から発した真正の教養への芽ばえが、こうして放置され、むなしく滅びさる運命にゆだねられているのです。

このことは、中・高校だけで教育をおわる人々の成長をはばんでいるだけでなく、大学に進んだり、インテリと目されたりする人々の精神力の健康さえもむしばみ、わが国の文化の実質をまことに脆弱なものにしています。単なる博識以上の根強い思索力・判断力、および確かな技術にささえられた教養を必要とする日本の将来にとって、これは真剣に憂慮されなければならない事態であるといわなければなりません。

わたしたちの「講談社現代新書」は、この事態の克服を意図して計画されたものです。これによってわたしたちは、講壇からの天下りでもなく、単なる解説書でもない、もっぱら万人の魂に生ずる初発的かつ根本的な問題をとらえ、掘り起こし、手引きし、しかも最新の知識への展望を万人に確立させる書物を、新しく世の中に送り出したいと念願しています。

わたしたちは、創業以来民衆を対象とする啓蒙の仕事に専心してきた講談社にとって、これこそもっともふさわしい課題であり、伝統ある出版社としての義務でもあると考えているのです。

一九六四年四月　野間省一